Igna Kramp

Das Ziel im Blick

Leben und arbeiten auf gutem Grund

Ignatianische Impulse
Herausgegeben von Igna Kramp CJ, Stefan Kiechle SJ und Stefan Hofmann SJ
Band 98

Ignatianische Impulse gründen in der Spiritualität des Ignatius von Loyola. Diese wird heute von vielen Menschen neu entdeckt.

Ignatianische Impulse greifen aktuelle und existentielle Fragen wie auch umstrittene Themen auf. Weltoffen und konkret, lebensnah und nach vorne gerichtet, gut lesbar und persönlich anregend sprechen sie suchende Menschen an und helfen ihnen, das alltägliche Leben spirituell zu deuten und zu gestalten.

Ignatianische Impulse werden begleitet durch den Jesuitenorden, der von Ignatius gegründet wurde. Ihre Themen orientieren sich an dem, was Jesuiten heute als ihre Leitlinien gewählt haben: Christlicher Glaube – soziale Gerechtigkeit – interreligiöser Dialog – moderne Kultur.

Igna Kramp

Das Ziel im Blick

Leben und arbeiten auf gutem Grund

echter

Klimaneutral
Druckprodukt
ClimatePartner.com/12514-2308-1008

Der Umwelt zuliebe verzichten wir bei unseren Büchern auf Folienverpackung.

Bibliografische Information der Deutschen Nationalbibliothek

Die Deutsche Nationalbibliothek verzeichnet diese Publikation in der Deutschen Nationalbibliografie; detaillierte bibliografische Daten sind im Internet über <http://dnb.d-nb.de> abrufbar.

www.echter.de
Druck und Bindung: Friedrich Pustet, Regensburg
ISBN
978-3-429-05941-5
Das eBook finden Sie in unserem Online-shop
ISBN 978-3-429-06639-0 (PDF)
ISBN 978-3-429-06640-6 (ePub)

Inhalt

Einleitung 7

Prinzip und Fundament der Exerzitien 11
Auf das Ziel schauen 12
Sich ausrichten 16
Frei werden 21
Unterscheiden 27

Prinzip und Fundament für mein Leben 31
Berufung finden 31
Entscheidungen treffen 43
Alltag gestalten 49
Liebe leben 69

Prinzip und Fundament für die Kirche 71
Ziel der Kirche 78
Mittel in der Kirche 79

Was sich mit Prinzip und Fundament ändert 84

Anmerkungen 86

Einleitung

Was will ich eigentlich? Warum und wozu will ich es? Und woran orientiere ich mich dabei? Wie immer ich diese Fragen für mich beantworte, eines ist klar: Wenn ich kein Ziel habe, bleibt auch der Weg unklar. Jede Route ist dann gleich gut oder schlecht, ich lasse mich treiben wie in einem Schiff, dessen Kompass verloren oder dessen Ruder zerbrochen ist. Habe ich dagegen ein Ziel, kann ich mich dahin orientieren und herausfinden, wie ich am besten dorthin komme. Ich wähle von verschiedenen Möglichkeiten die beste aus, um das Ziel zu erreichen.

»Zielorientierung« ist heute in aller Munde – aber noch gar nicht so lange. Natürlich ist es nicht neu, Ziele zu haben, wohl aber, von »Zielorientierung« zu sprechen. Das Wort hat erst in den letzten Jahrzehnten in den Duden hineingefunden. Seit den achtziger Jahren werden in Unternehmen in verschiedenen Varianten »smarte« – also kluge – Ziele formuliert: spezifisch sollen sie sein, d.h. präzise formuliert; messbar sollen sie sein, um sie überprüfen zu können; attraktiv, damit man Lust hat, sich danach auszustrecken; realistisch, um sich etwas vorzunehmen, was man auch erreichen kann; terminiert schließlich, um eine begrenzte Strecke vor sich zu haben, die bewältigt werden kann. Solche »klugen« Zielformulierungen helfen, um effektiv zu arbeiten. Wer damit arbeitet, wird sich diese Vorgehensweise möglicherweise auch für persönliche Entscheidungen zu eigen machen. Aber ist damit schon das Wesentliche zum Thema Zielorientierung gesagt?

Quidquid agis, prudenter agas et respice finem. – »Was immer du tust, tue es klug und beachte das Ziel.«[1] Der alte Merksatz scheint zunächst dasselbe zu sagen wie das Konzept der smarten Ziele. Aber anders als bei diesen geht es in ihm nicht nur um die nächsten konkreten Ziele, sondern zugleich um das letzte Ziel. Denn das lateinische Wort *finis* bedeutet nicht nur Ziel, sondern auch Ende und Vollendung. Im metaphorischen Sinn kann es auch »Gipfel« oder »das Höchste« bedeuten. Dieses letzte Ziel soll immer wieder in den Blick genommen werden (*re-spicere* heißt ja *wieder-ansehen*), also den nötigen Respekt bekommen, damit unser Leben gelingt. Was die smarten Ziele klug macht, lässt sie im Angesicht dieses letzten Zieles – ob man es nun im Sinne eines ganzheitlichen Lebensglücks oder als Vollendung des Lebens von Gott her und auf ihn hin versteht – allzu vorläufig wirken. Konkrete Etappenziele sind erst einmal hilfreich; wenn ich mich aber immer nur von einem Ziel zum nächsten hangle, was ist dann mit dem letzten Ziel meines Lebens? Bezogen auf das Kollektiv: Was ist mit dem letzten Ziel, um dessentwillen es meine Gemeinschaft oder Organisation überhaupt gibt? Wahrhaft kluge Ziele sollten also nicht allein präzise, überprüfbar, attraktiv, realistisch und terminiert, sondern auch in Berührung mit dem letzten Ziel meines Lebens bzw. meiner Gemeinschaft oder Organisation sein. Sonst sind sie zwar für den konkreten Alltag hilfreich, aber nicht für mein Leben als Ganzes oder die sinnvolle Existenz meiner Gemeinschaft oder Organisation über die Zeiten hinweg.

Wie aber finde ich heraus, was das letzte Ziel meines Lebens bzw. meiner Gemeinschaft oder Organisation ist? Im Grunde verbirgt sich hinter dieser Suche die alte Frage: Wofür sind wir auf Erden? Liegt es ganz in unserer Subjektivität, dieses letzte Ziel für uns zu definieren, oder gibt es so etwas wie ein uns vorgegebenes Ziel des Menschseins bzw. des Christseins? Oder liegt die Wahrheit in der Mitte zwischen diesen beiden Polen, indem es einen objektiv gesetzten Rahmen gibt, innerhalb dessen wir unser Ziel finden?

In den ignatianischen Exerzitien sind beide Dimensionen wichtig, die der persönlichen Suche nach der Führung Gottes wie auch die des objektiven Rahmens einer lebendigen kirchlichen Tradition, in dem diese Suche sich vollzieht. Was ist meine Berufung? Darauf gibt es nicht einfach eine objektiv gesetzte Antwort. Sie findet sich in den Exerzitien oder in einem geistlich geprägten Alltag, indem »unmittelbar der Schöpfer mit seinem Geschöpf wirkt und das Geschöpf mit seinem Schöpfer und Herrn« (EB 15).

Das gilt analog auch für die Gemeinschaft: Wohin führt Gott seine Kirche? Auch hier gibt es nicht einfach eine zeitlose Antwort, auch wenn die Sendung der Kirche durch alle Zeiten geht. Sie findet sich vielmehr zu jeder Zeit neu im gemeinsamen Hören und im geistlichen Gespräch, in der lebendigen Beziehung zwischen Gott und seinem Volk. Für die Suche des Einzelnen wie der Gemeinschaft der Kirche braucht es stets die lebendige Begegnung mit dem Wort Gottes und den Überlieferungen des Glaubens, und nicht zuletzt die gemeinsame geistliche Unterscheidung, um aufrichtig und kritisch zu prüfen, ob hier wirklich der eine, lebendige und wahre Gott führt. Dieses Buch will dazu anregen, von den ignatianischen Exerzitien her nach dem letzten Ziel und guten Entscheidungen auf dieses Ziel hin zu fragen. Es geht um die Frage nach der persönlichen Berufung und dem persönlichen Lebensglück im Angesicht Gottes. Es geht aber auch um die Frage, was heute unsere Berufung als Kirche ist und wie wir sie gemeinsam suchen können.

Prinzip und Fundament der Exerzitien

Ignatius von Loyola stellt seinen Geistlichen Übungen einen kurzen Text mit der Überschrift »Prinzip und Fundament« voran (EB 23). Es handelt sich dabei, wie auch der Titel anklingen lässt, um die Grundlage der Geistlichen Übungen. Diese Grundlage hilft nicht nur für geistliche Intensivzeiten wie Exerzitien, sondern auch für eine geistliche Ausrichtung des Alltags. Denn es geht darin um die Frage nach dem letzten Ziel unseres Lebens und Handelns und wie wir uns danach ausstrecken können. Man könnte es auch als eine Art Koordinatensystem beschreiben, das dem Menschen einen Rahmen für die Suche nach seiner Identität und Berufung aufzeigt. In gleicher Weise kann dieser Rahmen auch einer Gemeinschaft oder Institution helfen, ihren Auftrag besser zu erkennen und umzusetzen.

Zu Beginn der Übungen – oder im weiteren Sinne des Suchprozesses – soll dem Menschen, der sich auf den Weg macht, der Text von »Prinzip und Fundament« vorgelegt werden. Er soll von Anfang an wissen, in welches philosophisch-theologische bzw. spirituelle Koordinatensystem er sich begibt und inwieweit er diesem – und damit dem weiteren Weg – zustimmen kann. Dabei soll Raum für seine persönliche Suchbewegung sein: »Man erläutert ihm das Fundament so, dass er selbst Gelegenheit hat, zu finden, was er sucht«[2], formuliert Ignatius. Im Letzten soll allerdings nicht nur einer gedanklichen Grundlage zugestimmt werden, sondern die Frucht der Auseinandersetzung mit dem »Fundament« soll sein, »dass wir uns gänzlich in die Hände Gottes unseres Herrn ergeben«[3]. Es geht darum, »mit weitem Herzen und mit Großmut« den Weg der geistlichen Entscheidungsfindung zu beginnen (vgl. EB 5). Das soll sehenden Auges geschehen, mit einer intrinsischen Motivation. Deshalb die Auseinandersetzung mit dem Text von »Prinzip und Fundament«. Sich der Führung Gottes anzuvertrauen, wird je leichter fallen, umso vertrauter die Landkarte ist, auf der der Weg gesucht wird, der selbst notwendigerweise noch unbekannt bleibt. Im Nachdenken über den Text des »Fundamentes« wird die eigene Bereitschaft erkundet, in ein Beziehungsgeschehen zwischen Gott und Mensch einzutreten und Gott darin die Führung zu überlassen. Dieser ursprüngliche erste Schritt in den Geistlichen Übungen soll auch in diesem Buch am Anfang stehen. Im ersten Kapitel wird dem Leser »Prinzip und Fundament« vorgelegt und ihm die Gelegenheit gegeben, in der Auseinandersetzung damit »zu finden, was er sucht«. In den folgenden beiden Kapiteln geht es dann darum, wie »Prinzip und Fundament« für das eigene Leben und die Gemeinschaft der Kirche fruchtbar werden kann.

Auf das Ziel schauen

Was ist mein letztes Ziel? Ignatius formuliert: »Der Mensch ist geschaffen, um Gott unseren Herrn zu loben, ihm Ehrfurcht zu erweisen und ihm zu dienen und mittels dessen seine Seele zu retten« (EB 23). Genau genommen wird hier nicht das letzte Ziel formuliert, das der Mensch hat oder haben sollte – ob er dazu seine Zustimmung gibt, liegt bei ihm –, sondern das Ziel Gottes mit dem Menschen. Wozu hat Gott ihn geschaffen? Man könnte es kurz zusammenfassen: Zum Lob Gottes und zu seinem Lebensglück. Ist das zu frei interpretiert? Die Ehre Gottes gegen das Glück des Menschen auszuspielen oder umgekehrt würde dem Text sicher nicht gerecht. »Die Ehre Gottes ist der lebendige Mensch; das Leben des Menschen die Anschauung Gottes«, formuliert Irenäus von Lyon.[4] Gotteslob und Menschenglück widersprechen sich nicht. Trotzdem ist die Zuordnung und genaue Formulierung im »Fundament« zu beachten: Als Ziel wird formuliert, Gott zu loben, ihm Ehrfurcht zu erweisen und ihm zu dienen; die Rettung der Seele, d.h. die ganzheitliche Vollendung des Menschen, sein Heil und Glück, wird dazugeschenkt und ist nicht das direkte Ziel.

Ein Beispiel dafür: Eine junge Ärztin meldet sich freiwillig bei einer Hilfsorganisation für einen Einsatz in einem armen Land im globalen Süden, wo medizinische Versorgung bitter nötig ist. Sie tut dies aus ihrem christlichen Glauben heraus und weil sie den Menschen dort helfen möchte. Am Anfang tut sie sich schwer, mit den einfachen Lebensbedingungen zurechtzukommen und auf vieles zu verzichten, was sie in ihrem Alltag in Deutschland gewohnt war. Nach einigen Monaten spielt das aber keine Rolle mehr, und würde man sie fragen, würde sie sagen: »Ich bin glücklich.« Ihr Ziel war es nicht, glücklich zu werden. Aber das Glück hat sich eingestellt, als sie sich gemäß ihrem Glauben und ihrer Zuneigung zu benachteiligten Menschen entschieden hat. Sie hat ihr Leben gefunden.

Ignatius spricht davon »seine Seele zu retten« – das klingt nach der Frage nach dem gnädigen Gott, wie sie zur gleichen Zeit wie Ignatius Martin Luther stellte, nach einer ängstlichen Sorge um das eigene Seelenheil. Tatsächlich war dies zur Zeit des Ignatius eine brennende Frage, da die vorherrschende Theologie einerseits die eigenen Anstrengungen des Menschen für sein Heil sehr betonte und ihn andererseits völlig im Unklaren darüber ließ, ob seine Anstrengung je genügen könnte.[5] Das hat nicht nur Luther, sondern auch viele andere, auch Ignatius, vorübergehend an den Rand der Verzweiflung gebracht. Angesichts dessen ist beachtlich, dass Ignatius in »Prinzip und Fundament« *nicht* die Rettung der eigenen Seele als Ziel formuliert, sondern Lob und Ehre Gottes. Das Heil wird dann dazugeschenkt.

Die »Rettung ihrer Seele« ist heute für sehr viele Menschen nicht mehr die erste Frage, und dies nicht unbedingt aus religiöser Lauheit, sondern auch aus einem gesunden Gottvertrauen heraus. Nicht zuletzt in Auseinandersetzung mit der Reformation wurde die Vorstellung, sich das Heil verdienen zu müssen, überwunden. So würden wir nicht mehr sagen, dass wir »unsere Seele retten« könnten oder müssten. Ein bleibend interessanter Aspekt für heute ist daran aber der Ernst, den insbesondere endgültige Entscheidungen haben. Von diesem Ernst können wir in einer Kultur, in der der Trend eher dahin geht, Entscheidungen immer wieder zu revidieren und sich selbst stetig neu zu erfinden, heute wieder lernen. Ob wir es wollen oder nicht: Entscheidungen haben eine gravierende Wirkung darauf, ob unser Leben glückt und wie wir mit uns selbst, mit unseren Mitmenschen und mit Gott in Beziehung sind oder eben auch nicht. Das gilt dann für das Ganze unseres Lebens auch in seiner eschatologischen Dimension. Der Tod deckt auf, was das Leben ausgemacht hat. Wenn ich weiß, wie ich am Ende gelebt haben will, dann weiß ich auch besser, wofür ich mich jetzt entscheiden möchte.

Die Formulierung »seine Seele retten« ist auch nicht nur der sprachlichen und gedanklichen Welt des 16. Jahrhunderts entlehnt. Darin steckt eine zutiefst biblische Vorstellung. Das griechische Wort *psychê* bedeutet sowohl »Seele« als auch »Leben«. Hier ist nicht das biologische, sondern das metaphysische Leben gemeint. In diesem Sinne sagt Jesus: »Wer sein Leben retten will, wird es verlieren; wer aber sein Leben um meinetwillen verliert, wird es finden. Was nützt es dem Menschen, wenn er die ganze Welt gewinnt, dabei aber sein Leben einbüßt? Um welchen Preis kann ein Mensch sein Leben zurückkaufen?« (Mt 16,25f.). Hier ist »an eigentliches, erfülltes Leben« gedacht, »so wie Gott es als der Schöpfer geschaffen und geprägt hat«[6]. Nun wird dem Menschen erfülltes Leben paradoxerweise aber gerade dann zuteil, wenn er es gar nicht direkt sucht, sondern indirekt im Modus der Hingabe. »Es ist also gelöstes, befreites, offenes Leben, in das Gott und der Nächste eindringen können, ohne es zu stören, ja um es erst ganz zu erfüllen.«[7]

Das ist denn auch die Zuordnung in »Prinzip und Fundament«: Der Mensch ist geschaffen, Gott zu loben, ihn zu ehren und ihm zu dienen, und insofern er das tut, gelingt sein Leben, wird es erfülltes Leben, jetzt und end-gültig. In dieser Hingabe hat Jesus selbst gelebt und das Ziel seines Lebens erreicht. »Es ist vollbracht«, *tetélestai*, ist im Johannesevangelium das Wort, mit dem Jesus am Kreuz sein Leben in Gottes Hände legt (Joh 19,30); darin steckt *télos*, Ziel. Die Hingabe

Jesu drückt sich in der Liebe zu den Seinen »bis zur Vollendung«, *eis télos*, aus (Joh 13,1). Darin zeigt sich, wie jene Ausrichtung auf die Führung Gottes, die auch das ignatianische »Prinzip und Fundament« aufzeigt, sein Leben geprägt hat.

Fragen zur persönlichen Reflexion: *Kann ich als mein letztes Ziel ansehen, Gott zu loben, ihn zu ehren und ihm zu dienen? Glaube ich, dass ich darin zugleich finde, was mich erfüllt und glücklich macht? Kenne ich Erfahrungen, wo ich mich im Loslassen meiner Selbst in der Beziehung zu Gott und meinen Mitmenschen tiefer gefunden habe? Wie würde ich mit meinen eigenen Worten das Ziel formulieren, auf das hin ich geschaffen bin und was ich suche?*

Sich ausrichten

Wie kann der Mensch Gott loben, ihn ehren und ihm dienen? Das geht nicht unvermittelt, es geht nicht anders als über den Umgang und die Beziehung zu den Dingen und Geschöpfen um mich herum. Der Verfasser des 1. Johannesbriefes formuliert: »Wenn jemand sagt: Ich liebe Gott!, aber seinen Bruder hasst, ist er ein Lügner. Denn wer seinen Bruder nicht liebt, den er sieht, kann Gott nicht lieben, den er nicht sieht« (1 Joh 4,20). Gott die Ehre zu geben bedeutet, meine Beziehung zur Welt und zu meinen Mitmenschen von ihm her zu begreifen und zu gestalten. Die Suche nach Gott vollzieht sich in der alltäglichen Wirklichkeit um mich herum. Deshalb fährt Ignatius in »Prinzip und Fundament« fort:

> »… die übrigen Dinge auf dem Angesicht der Erde sind für den Menschen geschaffen und damit sie ihm bei der Verfolgung des Ziels helfen, zu dem er

> geschaffen ist. Daraus folgt, dass der Mensch sie so weit gebrauchen soll, als sie ihm für sein Ziel helfen, und sich so weit von ihnen lösen soll, als sie ihn dafür hindern« (EB 23).

Wenn allein Ehre, Lob und Dienst gegenüber Gott letztes Ziel sind, ist notwendigerweise alles andere nur Mittel auf dieses Ziel hin und nicht selbst das Ziel. Was auf den ersten Blick wie eine Entwertung aussieht, ist es gerade nicht. Die Dinge sind wertvoll, sie sind nur nicht Gott. Die Geschöpfe haben ihre eigene Würde, aber sie sind nicht Gott. Die Dinge können dem Menschen helfen, Gott zu finden, und Menschen können einander helfen, Gott zu finden; an seine Stelle treten können und dürfen sie nicht. In der biblischen Sprache und Denkweise ist dies die radikale Unterscheidung zwischen dem einen, lebendigen und wahren Gott und den Götzen. Sie dient dazu, dass alle Geschöpfe miteinander auf Gott hin unterwegs sind, dass sie einander dabei helfen und einander nicht daran hindern. Diese grundlegende Unterscheidung gibt dann auch den Rahmen für einzelne Entscheidungen. So schreibt Ignatius später in den Exerzitien als Hinführung, wie eine gute Wahl getroffen werden kann:

> »In jeder guten Wahl muss, soweit es an uns liegt, das Auge unserer Absicht einfach sein, indem ich nur auf das schaue, wofür ich geschaffen bin, nämlich zum Lobpreis Gottes unseres Herrn und zur Rettung meiner Seele. Und so muss, was immer ich erwählte, derart sein, dass es mir für das Ziel hilft, für das ich geschaffen bin, indem ich nicht das Ziel auf das Mittel hinordne und -ziehe, sondern das Mittel auf das Ziel« (EB 169).

Auf dem Weg zu einer guten Entscheidung gilt es also zuerst, das letzte Ziel in den Blick zu nehmen, und erst von dort her die Mittel zu wählen. Wichtig ist dabei, dass das Ziel, das in den Blick genommen wird, wirklich das *letzte* Ziel unseres Geschaffenseins ist, also nicht in Wahrheit doch ein vorläufiges Ziel und deshalb im Sinne von »Prinzip und Fundament« nur ein Mittel.

Ignatius nennt mehrere Beispiele, die sich leicht auf heute übertragen lassen: Wenn jemand heiratet, nicht, weil er seine Berufung darin sieht, sondern indem er es einfach tut und annimmt, dann müsse es auch seine Berufung sein; oder wenn jemand eine gute Arbeitsstelle anstrebt, ohne eigentlich zu wissen, ob und wie diese Stelle seinem Weg mit Gott und seinem Lebensglück zuträglich sein kann. In beiden Fällen wird das Mittel gewählt, als wäre es das letzte Ziel. Was das letzte Ziel ist, gerät damit aus dem Blick. Gegen solche vorschnellen Entscheidungen wendet sich Ignatius mit seiner Unterscheidung von Ziel und Mittel: »Ohne zu denken, treten wir in Dinge ein und neigen unseren Sinn zu ihnen, ohne zu erwägen, ob es zum Dienst für Gott angebracht ist; ob es meine Berufung ist; ob ich auf jenem Weg werde besser gehen und das Ziel erreichen können, für das Gott mich geschaffen hat.«[8]

Ignatius spricht dies in eine Zeit hinein, in der Menschen zunehmend eine eigene Wahl des Lebensstandes hatten. Denn in einer Gesellschaft, wo diese Wahl nicht besteht, kann sich auch die Frage nach der richtigen bzw. besseren Wahl nicht stellen. Das ist hochaktuell in einer Zeit, in der wir ein Maß an Wahlfreiheit für unser Leben haben wie vielleicht nie zuvor in der Geschichte. Wir dürfen wählen, aber wir müssen auch wählen, und das in einer Lebenswelt, die so komplex ist, dass dies leicht eine Überforderung sein kann. Das vergrößert die Gefahr, Dinge anzufangen, »ohne zu denken«, zumal solche Spontaneität auch von wirtschaftlichen Interessen gefördert wird: Es ist allzu leicht, auf den Button »like« oder »dislike« oder »jetzt kaufen« zu klicken, ohne zu denken. Auch wenn das eher kleine Entscheidungen sind, fördern sie eine Gewohnheit allzu spontaner Entscheidungsfindung. Wohl dem also, der seine Entscheidungen auf sein Lebensziel hin prüft!

Ein wichtiger Prüfstein, ob wirklich Gottes Ehre gesucht wird, kann sein, ob es für mich bei einer Entscheidung auch noch eine andere Möglichkeit, ein anderes Mittel geben könnte.

Ein Beispiel: Ein Ingenieur bewirbt sich bei einer besonders renommierten Firma. Er denkt sich: »Die Stelle muss ich haben – dort kann ich optimal alle meine Fähigkeiten einsetzen! Hier liegen meine Berufung und Erfüllung!« Als er die Stelle nicht bekommt, dafür »nur« eine andere, auf die er sich auch beworben hat, ist er enttäuscht und zweifelt daran, ob er wirklich auf dem richtigen Weg ist. Dabei ist die Aufgabe auf der zweiten Stelle der ersten recht ähnlich, nur ist die Firma weniger angesehen und die Arbeit wird auch nicht so gut entlohnt.

Hat der Bewerber hier wirklich das letzte Ziel im Blick gehabt, oder nicht doch eher die von ihm gewünschte »beste« Arbeitsstelle, also nur ein Mittel?

Ein anderes Beispiel: Ein junger Mann verbringt ein Jahr in einer Ordensgemeinschaft. Es gefällt ihm sehr gut dort. Er kann sich vorstellen, dort Mönch zu werden. Die Brüder, mit denen er lebt, rechnen damit, dass er bei ihnen bleibt. Es wäre auch ein gutes Leben für ihn. Er liebt die Spiritualität des Ordens. Aber etwas lässt ihn zögern. Schließlich entscheidet er sich dafür, Diözesanpriester zu werden, weil er die pastorale Not in den Gemeinden sieht und wie wenige Priester es gibt. Die Brüder sind enttäuscht, weil sie gehofft haben, dass er sich ihrem Orden anschließt. Er aber wählt unter zwei vergleichbaren Wegen den für ihn schwierigeren, weil er die größere Not sieht, und weil er spürt, dass dies seine Berufung ist. Er hat das letzte Ziel im Blick, so dass er frei auch noch ein anderes Mittel ergreifen kann, als er ursprünglich wollte. Nach einer Zeit können auch die Brüder ihre Enttäuschung im Blick auf das letzte Ziel loslassen, denn auch wenn der junge Mann nicht in ihren Orden eingetreten ist, folgt er doch dem Ruf Gottes, und darin möchten sie ihn bestärken.

Kann ich Gott auch dienen, kann ich auch dann glücklich sein, wenn der gefasste Plan nicht aufgeht? Solange ich diese Frage ehrlich mit ja beantworten kann, wähle ich wirklich nur Mittel auf das letzte Ziel hin. Wenn meine Antwort nein lautet, will ich wahrscheinlich das Ding an sich für mich, und dann ist Vorsicht geboten. Dann habe ich mein Herz daran gehängt, und das ist in allererster Linie für mich selbst schlecht, spätestens dann, wenn meine Pläne nicht oder nicht mehr aufgehen.

Die innere Freiheit verliere ich aber auch und gerade dann, wenn ich das Ersehnte bekomme. Nicht ich habe es dann, sondern es hat mich. Deshalb empfiehlt Ignatius: »Wahre dir in allen Dingen die Freiheit des Geistes. Schiele in nichts auf Menschenrücksicht, sondern halte deinen Geist innerlich so frei, dass du auch stets das Gegenteil tun könntest. Lass dich von keinem Hindernis abhalten, diese Geistesfreiheit zu hüten. Sie gib niemals auf.«[9]

Fragen zur persönlichen Reflexion: *Was hilft mir, in der Beziehung zu Gott zu wachsen? Was würde ich gerne mehr tun, wofür mir mehr Zeit nehmen? Welche Wünsche, Ängste oder Befürchtungen hindern mich daran? Was würde ich gerne ganz lassen, weil es meine Beziehung zu Gott beeinträchtigt? Was hält mich davon ab?*

Frei werden

Damit wir auf unser letztes Ziel hin mit unseren Mitgeschöpfen und den Dingen gut umgehen können, thematisiert der nächste Satz von »Prinzip und Fundament« die innere Freiheit: »Deshalb ist es nötig, dass wir uns gegenüber allen geschaffenen Dingen (…) indifferent machen« (EB 23). Mit »sich indifferent machen« meint Ignatius, dass ich vor der Wahl eines konkreten Mittels innerlich wie einen Schritt zurücktrete und versuche, zunächst *allen* Möglichkeiten, die sich mir momentan bieten, den gleichen Wert beizumessen. Denn ich weiß ja vor einer genaueren Betrachtung nicht, welchen wirklichen Wert sie als Mittel zum Ziel haben. Das herauszufinden, ist erst Gegenstand des geistlichen Unterscheidungsprozesses. Deshalb sollte ich nicht zu schnell vorangehen. Es braucht eine Zurückhaltung, um klarer sehen zu können. Das ist die berühmte Indifferenz.

Was »Indifferenz« bezeichnet, lässt sich vielleicht am treffendsten mit einer inneren Freiheit gegenüber den Wahlmöglichkeiten beschreiben. Dabei ist »sich indifferent zu machen« eine eigene Übung bzw. ein Teil des geistlichen Übungsweges. Ich habe Indifferenz nicht, sondern ich bemühe mich darum, mich vor einer Entscheidung indifferent zu machen. Das ist deshalb notwendig, weil ich gewöhnlich eine spontane Vorauswahl treffe, die mir oft nicht einmal bewusst ist. Ich weiß, welche Süßspeise mir schmeckt und welches Filmgenre mich anzieht. So weiß ich auch in größeren Fragen, was ich will, noch ehe ich darüber reflektiere. Damit arbeiten Internetseiten mit dem Button »jetzt kaufen«. Was aber will ich wirklich? Ist es in Wahrheit das, was ich aus der ersten Spontaneität heraus wählen würde?

Indifferenz ist keine Gefühlskälte oder stoische Gelassenheit. Es geht nicht darum, keine Gefühle zu haben oder immer nur der Vernunft zu folgen, sondern es geht um die Reflexion all dessen, was in mir vorgeht. Es soll *mit* den Affekten gut entschieden werden, aber eben nicht *im* Affekt. Ich trete innerlich zurück und mache mich zum Beobachter meiner Gedanken und Gefühle, um in Ruhe zu schauen, was das Bessere ist: bezogen auf mich selbst, auf die Situation, auf meine Mitmenschen, auf Gott.

Folge ich vorschnell einer spontanen Anziehung, sind meist weder Alternativen noch das letzte Ziel im Blick, auf das hin ich überhaupt wählen möchte. Deshalb ist es sinnvoll, zunächst Abstand von allen Optionen zu nehmen, um zu spüren, was mich wirklich bewegt und mir wirklich wichtig ist. Das ermöglicht mir, Alternativen zuzulassen und genau in den Blick zu nehmen und zu reflektieren, was mich an eine Möglichkeit bindet, bevor ich weiß, ob es auf das letzte Ziel hin wirklich die bessere Möglichkeit ist. Es geht darum, dass jede Möglichkeit eine bestimmte Qualität auf das letzte Ziel der Ehre Gottes hin hat, die ich erst einmal erkunden muss, ehe ich eine Option der anderen vorziehe.

Ignatius nimmt dabei eine Einschränkung vor: Indifferent machen sollen wir uns nur »in allem, was der Freiheit unserer freien Entscheidungsmacht gestattet und ihr nicht verboten ist« (EB 23). Es dient einer guten Wahl, sich indifferent zu machen. Eine gute Wahl bezieht sich aber nur auf Optionen, die in sich neutral oder gut sind, nicht schlecht (vgl. EB 170). Etwas in sich Schlechtes zu wählen, führt nie auf das letzte Ziel unserer Geschöpflichkeit hin; daher darf man einer solchen Option gegenüber nicht indifferent sein. Es wird nicht zwischen gut und schlecht gewählt, sondern zwischen gut und besser.

Was ist aber besser als das andere? Das entscheidet sich vom Ziel her. Im weiteren Gedankengang folgen dazu sehr provozierende Beispiele für Optionen, denen gegenüber ich mich indifferent machen sollte:

> »Wir sollen also nicht unsererseits mehr wollen: – Gesundheit als Krankheit, – Reichtum als Armut, – Ehre als Ehrlosigkeit, – langes Leben als kurzes; und genauso folglich in allem sonst, indem wir allein wünschen und wählen, was uns mehr zu dem Ziel hinführt, zu dem wir geschaffen sind« (EB 23).

Als ich zum ersten Mal in einem Kurs »Prinzip und Fundament« inklusive dieser Beispiele erklärt habe, war die Empörung darüber so groß, dass das Potenzial des Textes in seiner Gesamtaussage gar nicht mehr zur Geltung kam. Wie kann man nur Gesundheit, Reichtum, Ehre und langes Leben *nicht* lieber wollen als das Gegenteil? Ist das nicht verquer, wenn nicht gar krank? Ganz sicher geht es nicht darum, dass ich mir Krankheit, Armut, Ehrlosigkeit oder einen frühen Tod wünsche. Würde ich mir – aus welchen Motiven auch immer – unbedingt Krankheit, Armut oder Ehrlosigkeit wünschen, so wie man normalerweise Gesundheit, Reichtum und Ehre wünscht, wäre ich ja auch nicht frei, weil es bei einer indifferenten Haltung nicht darum geht, eine Option mehr zu wollen, sondern beide gleich. Wichtig scheint mir das »… unsererseits …« Denn es geht um eine Offenheit für die Wahl, die Gott für uns hat. Daraus folgt, dass wir von unserer Seite keine Vorentscheidung treffen. Ignatius spricht auch generell nicht von »Entscheidung«, sondern von »Wahl« und »Wahlzeit«, weil es eher darum geht, dass ich in der Beziehung zu Gott entdecke, welchen Weg er für mich hat (auf dem ich dann auch die Lebensfülle finde), als dass ich dieses oder jenes will und mich dafür entscheide. Es geht darum, dass ich will, was Gott will, und darauf vertraue, dass das die beste aller Möglichkeiten ist. Hans Urs von Balthasar spricht sogar von einer Wahl, »in der ich meine Identität in Gott finde«[10]. Mein Weg entspricht meinem Sein. Gott führt mich so, wie es meiner Geschöpflichkeit, die er viel besser kennt als ich selbst, am besten entspricht. Ja man kann so weit gehen zu sagen, dass Gott uns nicht einfach nur am Anfang unseres Lebens geschaffen hat, sondern dass er auch weiter schöpferisch mit uns umgeht und uns wachsen lässt. In diesem Sinne kann die Wahl als Schöpfungsakt Gottes verstanden werden.

In der Theologie nennt man das »Creatio continua«, fortdauernde Schöpfung Gottes. Nicht zufällig betont Ignatius in den Exerzitien, der Begleiter solle »unmittelbar den Schöpfer mit dem Geschöpf wirken lassen und das Geschöpf mit seinem Schöpfer und Herrn« (EB 15). In dieser Logik ist klar: Gott hat einen guten Weg für mich. Nicht nur ich selbst soll im Bereich dessen wählen, was neutral oder gut ist, sondern Gott wird mir etwas zukommen lassen, was gut, ja was das Bessere für mich ist. »Von unserer Seite her« eine Option nicht lieber zu wollen als die andere, selbst dann nicht, wenn es um die genannten Beispiele geht, ist also ein Akt des Vertrauens. Es geht nicht darum, etwas Schlechtes gleich gut zu finden wie etwas Gutes. Die Frage ist aber: Worauf hin ist etwas »schlecht« oder »gut«? Es kann sein, dass etwas, das mir zunächst eher »schlecht« erscheint, sich im Nachhinein doch als »gut« herausstellt. Ich bekomme eine Arbeitsstelle nicht, dafür dann aber später die nächste, die viel besser zu mir passt. Ich gehe wegen einer Unverträglichkeit zum Arzt, und bei den folgenden Untersuchungen wird eine schlimme Krankheit im Frühstadium entdeckt und kann geheilt werden. Manchmal stellen sich Ereignisse, die zunächst nicht hilfreich oder sehr unangenehm sind, trotzdem im Nachhinein als die besseren heraus.

Das ist allerdings eine Überzeugung, die ich nur für mich selbst fassen kann und die auf konkrete Leidsituationen in meinem Leben nur ich anwenden darf, weil eine Interpretation von außen zynisch wäre. Wenn aber ein Mensch einen Weg, den erst einmal niemand gerne wählen würde, in Beziehung zu Gott annimmt und darin wächst, dann kann dieses Zeugnis sehr berühren und beeindrucken. Im Film »Die große Stille« hat mich sehr bewegt, wie einer der Kartäusermönche, der im Alter blind geworden war, Gott für seine Blindheit dankt. Sicher war die Blindheit auch für ihn erst einmal eine große Herausforderung und Entbehrung. Und doch hat er sie schließlich annehmen können und es ist etwas daraus gewachsen, das nicht gewachsen wäre, wenn er nicht blind geworden wäre. Wäre es dann im Nachhinein für ihn ein größeres Gut gewesen, weiter sehen zu können? Oder ist ihm nicht hier absurderweise gerade die Blindheit zu einem Gut geworden?

»Prinzip und Fundament« lädt ein, tiefer zu sehen. Es geht nicht von einem perfekten, leidfreien Leben aus, das nur ohne Beeinträchtigungen ein gutes Leben sein kann. Es ist erst einmal normal, gesund sein zu wollen, weiterleben zu wollen etc. Wenn ich aber das Ziel und das Gelingen meines Lebens an solche Güter knüpfe, wird mein Leben kaum gelingen können. Sich indifferent zu machen ist also auch meine Freiheit gegenüber den vielfältigen Widerfahrnissen, die jedes Leben bringt, eine Freiheit aus der Überzeugung heraus, dass Gott in und mit diesen Widerfahrnissen einen Weg für mich hat.

Ignatius hat das selbst erlebt, als ihm bei der Schlacht um Pamplona sein Bein zerschossen wurde, das nie wieder ganz heil wurde, obwohl er dafür große Schmerzen auf sich genommen und alle möglichen Mittel angewendet hat. Mit dem Bein ist auch sein Traum vom Rittertum im Dienst einer schönen Dame zuschanden geworden. Als Ritter im Dienste Gottes konnte er hingegen auch hinkend unterwegs sein. Wäre es nun für ihn besser gewesen, körperlich unversehrt zu bleiben? Das hätte er wohl kaum so gesehen. Es trifft doch eher zu, was zuvor Doña Marina, eine Dame aus Arévalo, zu ihm gesagt hatte: »Iñigo, du wirst nicht gescheit und willst nicht lernen, bis dass sie dir ein Bein brechen.«[11] Den Schmerz und die Scham über sein gebrochenes Bein hätte er sicher nicht haben müssen, in der Lebenswende, die daraus resultierte, hat sich ihm aber erst erschlossen, wofür er im Letzten leben wollte oder besser: für wen. Es kann also sein, dass sich im Nachhinein zeigt, dass etwas, das wir zunächst gesunderweise nicht wollen können, das Bessere war. Das macht dann aber auch plausibel, warum »Prinzip und Fundament« uns nahelegt, uns auch an grundlegende Güter nicht zu binden, um keine Möglichkeit auszuschließen, die am Ende doch die bessere sein kann, auch wenn sie erst einmal abwegig oder sogar abgründig erscheint.

Fragen zur persönlichen Reflexion: *Welche Anziehungskraft hatten bei meiner letzten wichtigen Entscheidung die verschiedenen Möglichkeiten auf mich? Wie würde ich meine innere Haltung dazu beschreiben? Habe ich mich innerlich frei gefühlt? Wie schaue ich heute auf meine Entscheidung? Kenne ich die Erfahrung, dass ich gehofft habe, etwas würde in meinem Leben nie passieren, und es ist doch passiert? Wie war dann der weitere Weg mit dieser Erfahrung? Wie hat das meine Beziehung zu Gott geprägt?*

Unterscheiden

»Prinzip und Fundament« stellt uns die Ehre Gottes als letztes Ziel vor Augen, auf das hin wir die Mittel wählen. Aber woher weiß ich, was mir mehr auf das letzte Ziel hin hilft? Welche der guten Optionen, die mir zur Wahl stehen, ist besser als die andere? Es genügt nicht, mit »Prinzip und Fundament« eine Art Landkarte zu haben, auf der ich das Ziel ausmachen kann, ich muss auch wissen, wie ich die Wege dorthin finde und wie ich einschätzen kann, welcher Weg geeigneter ist als der andere. Kurz gesagt, es braucht einen Kompass zur Landkarte. Das ist auf der Landkarte von »Prinzip und Fundament« die Unterscheidung der Geister. Dabei handelt es sich um ein umfassendes Erfahrungswissen aus der geistlichen Tradition der Kirche, das über Jahrhunderte gewachsen ist. Es geht bereits auf die ersten Mönche in der ägyptischen Wüste zurück, wurde aber von Ignatius für die Exerzitien systematisiert und für die Begleitung von Entscheidungsprozessen aufbereitet.

Grundlage für die geistliche Unterscheidung ist, was den Menschen im Innern bewegt, also Gedanken, Gefühle, Intuitionen, Körperwahrnehmungen, Motivation etc. Ignatius bezeichnet sie als innere Bewegungen oder innere Regungen. Der Mensch kann solche Regungen auf einer Art inneren Resonanzfläche wahrnehmen. Dort bewegen ihn aber nicht nur seine eigenen Gedanken, sondern auch der Geist Gottes und andere Geister, die nicht zum Guten führen (EB 32). Welche der inneren Regungen führen ihn dann aber in die Richtung, die er in der Landkarte von »Prinzip und Fundament« ausgemacht hat?

Es braucht eine intensive Wahrnehmung der inneren Bewegungen und viel Übung, um sich hier orientieren zu können. Deshalb sieht Ignatius in den Exerzitien auch eine erfahrene Begleitperson vor, die bei der geistlichen Unterscheidung hilft. Ich gebe hier eine kurze Einführung, wie man sich auf der Landkarte orientieren kann. Zum Verständnis, was geistliche Unterscheidung ist, kann eine Episode helfen, die sich im Leben des Ignatius zugetragen hat und die er in seiner Autobiographie, dem »Bericht des Pilgers«, beschreibt. Er lag mit einem zerschossenen Bein und zerschossenen Lebenstraum und vermutlich sowohl Langeweile als auch Verzweiflung im Bett, weil er sein Bein noch nicht belasten konnte. In dieser unfreiwilligen Pause vom Alltagsleben versuchte er auf zweierlei Weise, sich innerlich zu beschäftigen: Er stellte sich vor, was er früher in Ritterromanen gelesen hatte, insbesondere, wie er für eine unerreichbare Geliebte große Heldentaten vollbrachte. Andererseits las er in Büchern über das Leben der Heiligen und das Leben Christi und stellte sich vor, er täte dasselbe wie die Heiligen »und noch mehr«. Nach einer Weile entdeckte er, dass diese beiden inneren »Filme« eine durchaus unterschiedliche Wirkung auf ihn hatten:

> »Wenn er an das von der Welt dachte, vergnügte er sich sehr. Doch wenn er danach aus Ermüdung davon abließ, fand er sich trocken und unzufrieden. Und wenn er daran dachte, barfuß nach Jerusalem zu gehen und nur Kräuter zu essen und alle übrigen Strengheiten auszuführen, von denen er las, dass die Heiligen sie ausgeführt hatten, war er nicht nur getröstet, während er bei diesen Gedanken war, sondern blieb auch, nachdem er davon abgelassen hatte, zufrieden und froh.« (PB 8)

Hier entdeckt Ignatius eine grundsätzliche Unterscheidung. Zum einen, dass es Gedanken gibt, die eher tröstlich sind, wohingegen andere ihn trostlos zurücklassen. Vor allem aber wird ihm bewusst, dass sich dort, wo der Trost nicht einfach nur ein kurzfristiges Vergnügen darstellt, sondern von Dauer ist, die Führung Gottes zeigt. So findet er mittels dieser noch recht einfachen Unterscheidung seine langfristige Lebensperspektive. Es war noch ein langer Prozess, sich auf diesem neuen Weg zurechtzufinden. Barfuß nach Jerusalem zu pilgern, war nur seine erste Idee. Aber für den Moment fand er genügend Klarheit, um eine neue Ausrichtung seines Lebens zu wagen. Gott führte ihn dabei über einen nachhaltigen inneren Trost. Hier zeigt sich, wie eine Vorahnung von Lebensglück in eins fällt mit dem, wozu Gott Ignatius zu seiner Ehre ruft. Dazu musste er allerdings entdecken, dass Trost mehr ist als Vergnügen. Nicht alles, was Freude macht, ist schon göttliche Berufung; aber was einen Menschen im Innersten des Wesens langfristig froh und glücklich macht, hat wahrscheinlich mit Berufung zu tun. Ruf Gottes und menschliche Sehnsucht berühren sich. Wie genau, zeigt sich oft erst später. Dafür braucht es die innere Freiheit, sich auch auf unerwarteten Wegen weiterführen zu lassen. Der Trost ist dabei wie ein Wegweiser, der erst einmal die nächsten Schritte zeigt. Trost und Trostlosigkeit sind die grundlegenden inneren Bewegungen, über die mit dem »Kompass« der Unterscheidung der Geister gearbeitet werden kann. Das Erfahrungswissen zur Unterscheidung der Geister ist insgesamt sehr viel komplexer. Die grundlegende Unterscheidung von Trost und Trostlosigkeit zeigt aber die Richtung, wie man sich mittels seiner inneren Resonanzfläche von Gott führen lassen kann. Der Normalfall wird sein, über einen längeren Zeitraum die inneren Bewegungen von Trost und Trostlosigkeit zu beobachten und darin eine Tendenz zu entdecken, die mir die richtige Entscheidung oder zumindest die nächsten Schritte zeigt.

Fragen zur persönlichen Reflexion: *Ich erinnere mich an meine letzte wichtige Entscheidung. An welche verschiedenen Gedanken, Gefühle etc. kann ich mich erinnern? Konnte ich inneren Trost und/oder innere Trostlosigkeit ausmachen? Wie würde ich meine Erfahrung in der Zeit der Entscheidung beschreiben? Ich trete mit Gott/mit Jesus darüber in ein Gespräch »mit richtigen Worten, wie ein Freund mit einem Freund« ein (vgl. EB 52).*

Prinzip und Fundament für mein Leben

Was ändert sich, wenn ich mir »Prinzip und Fundament« für mein Leben zu eigen mache? Martín Olave, der noch zu Lebzeiten des Ignatius die Geistlichen Übungen gemacht hatte, formulierte, er habe bei der Meditation von »Prinzip und Fundament« mehr aufgenommen als in seinem gesamten bisherigen Studium der Theologie.[12] Das zeigt, dass »Prinzip und Fundament« von anderer Art ist als akademisches Wissen. Es bietet ein praktisches Wissen, indem es ein spirituelles Koordinatensystem gibt, das unmittelbar der persönlichen Orientierung dient. Das kann bei Entscheidungsprozessen auf verschiedenen Niveaus hilfreich sein. In den 30-tägigen Geistlichen Übungen gibt es Orientierung für die Suche nach der persönlichen Berufung und Lebenswahl. Es kann aber in gleicher Weise bei anderen wichtigen Entscheidungen helfen und nicht zuletzt dazu, das alltägliche Leben und Arbeiten mehr von der Führung Gottes prägen zu lassen, indem all die kleinen Entscheidungen des Alltags mehr auf das letzte Ziel hin ausgerichtet werden. In diesem Kapitel werden die verschiedenen Anwendungsfelder erkundet und praktische Übungen dazu vorgeschlagen.

Berufung finden

»Prinzip und Fundament« formuliert als Berufung, die allen Menschen gemeinsam ist, zum Lobe Gottes zu leben und mittels dessen heil und glücklich zu werden. Das ist das Ziel aller möglichen Wege, auf die

Gott Menschen beruft. Aber welcher Weg ist mein ganz persönlicher Weg auf dieses Ziel hin? In der Sprache von »Prinzip und Fundament«: Was ist das Mittel, das mir unter allen möglichen anderen Mitteln mehr hilft, das Ziel meiner Berufung als Geschöpf Gottes zu erreichen? In den Exerzitien ist bei diesen Mitteln ursprünglich vor allem an verschiedene Lebensstände gedacht, also die Frage, ob jemand in einem Orden oder in Beruf und Familie Gott besser dienen kann. Die Möglichkeiten sind heute komplexer: Ist der bessere Weg, allein zu leben, in Gemeinschaft, in einer Partnerschaft, in der Familie? Und wie realisiert sich die jeweilige Lebensform konkret? Welcher Beruf ist in der jeweiligen Lebensform die bessere Wahl? Eine untrennbare Verbindung von Lebensform und Beruf ist heute relativ selten geworden. Die meisten Berufe können unabhängig von der Lebensform ergriffen werden. Umgekehrt kann kaum noch eine Lebensform gewählt werden, ohne auch einen Beruf zu ergreifen. Ich möchte hier deshalb die Frage nach der Lebensform *und* der Berufswahl thematisieren, weil es bei beiden um die persönliche Berufung und nicht einfach nur eine andere wichtige Entscheidung geht.

Wie kann ich erkennen, was mehr der Ehre Gottes dient und am Ende auch das Bessere für mich ist? Das ist sicher keine einfache Frage. In der heute gegebenen Fülle der Möglichkeiten können Lebensentscheidungen zur Qual der Wahl werden. Die ignatianische Vorgehensweise, eine Wahl zu treffen, erscheint gerade angesichts dieser vielen Möglichkeiten als »Gnade der Wahl«. Denn sie beruht auf der Zuversicht, dass Gott einen Weg für mich hat, den ich im Dialog mit ihm, auf dem Weg des Gebetes und der geistlichen Unterscheidung, entdecken kann. Die Frucht solchen Vorangehens ist im Idealfall innerer Friede und eine tiefe Gewissheit, dass die Entscheidung jetzt so richtig ist. Das, was die Wahl zur Qual macht, die Sorge, ob nicht doch ein anderer Weg besser gewesen wäre, wird nicht ganz ausgeschaltet, kann aber doch in einem geistlichen Unterscheidungsprozess minimiert werden. Wahl nach Ignatius bedeutet, die Führung Gottes zu suchen, und auch wenn dies immer nur ein Annäherungsprozess sein kann, gibt es doch klare Kriterien für eine gute Wahl. Sie werden hier im Folgenden beschrieben; es sei jedoch vorab gesagt, dass es für Lebensentscheidungen auf jeden Fall sinnvoll ist, den inneren Weg mit einer erfahrenen geistlichen Begleitperson zu besprechen. Noch besser ist es, sich dafür eine geistliche Intensivzeit mit Begleitung zu nehmen, wie etwa 8-tägige oder sogar 30-tägige Exerzitien, die speziell für eine solche Entscheidungsfindung konzipiert sind.

Ehe jedoch an dieser Stelle die verschiedenen Weisen, wie eine gute Wahl getroffen werden kann, ausführlicher in den Blick genommen werden, gilt es zunächst zu klären, was im Vorfeld dieses Prozesses noch zu bedenken ist. Denn nicht nur der Wahlprozess selbst hat eine hohe Bedeutung, sondern auch die Art und Weise, wie derjenige, der eine Wahl treffen möchte, sich darauf innerlich vorbereitet.

Für den gesamten Prozess der Wahl ist eine unabdingbare Voraussetzung, das letzte Ziel in den Blick zu nehmen, auf das hin ich geschaffen bin. Gewählt werden dann immer nur Mittel als Wege auf dieses letzte Ziel hin. Die Wahl der Mittel ist gleichsam die Weichenstellung, an der sich entscheidet, wohin der Zug meines Lebens weiterfährt. Es geht darum, den besten

Weg zu finden, auf dem ich persönlich, so wie ich geschaffen bin, so wie es meiner tiefsten Sehnsucht und meinen Eigenschaften und Fähigkeiten entspricht, mit Gott unterwegs sein kann – jetzt und auf ewig.
Eine weitere unabdingbare Voraussetzung ist es, sich nach bestem Wissen und Gewissen indifferent gegenüber allen Wahlmöglichkeiten zu machen. Ich muss davon ausgehen, dass ich vorab nicht weiß, welcher Weg der beste für mich ist. Deshalb sollte ich nicht vorschnell etwas ausschließen. In Frage kommen alle guten Möglichkeiten, die ich von meinen geistigen und körperlichen Voraussetzungen her ergreifen kann. Wenn es darunter solche gibt, die auch gut sind, mir aber spontan widerstreben, ist das vorab kein Grund, sie nicht in Erwägung zu ziehen. Vielmehr wäre dann ein Teil des Prozesses, innerlich freier, eben indifferenter zu werden, indem ich den Gründen für meine Abneigung auf die Spur komme.
Ein Beispiel dafür: Eine junge Frau übernimmt früh im Malereifachbetrieb der Familie große Verantwortung. Sie ist sich bewusst, dass sie das Unternehmen einmal erben und die Familientradition weiterführen soll. Es gefällt ihr auch. Und doch spürt sie eine seltsame Unruhe in sich. Manchmal fühlt sie eine Enge und sehnt sich nach mehr Luft zum Atmen. Was wäre, wenn sie beruflich eine andere Richtung einschlagen würde? Sie würde gerne Erlebnispädagogik studieren. Wenn sie aber ernsthaft daran denkt, sieht sie ihren Vater vor sich und wie enttäuscht er wäre. Sie vermutet, dass niemand in ihrer Familie Verständnis dafür hätte. Nein, es kommt nicht in Frage. Die Enttäuschung in ihrem Umfeld würde sie nicht ertragen. Die junge Frau verzichtet darauf, der Spur ihrer Sehnsucht genauer nachzugehen, weil sie sich vor den Reaktionen

ihrer Familie fürchtet. Vielleicht etwas vorschnell? Geht es hier noch um die Suche nach dem »besseren« Weg oder eher um die Vermeidung von Konflikten? Ein anderes Beispiel: Ein junger Mann spürt die Sehnsucht, in ein Kloster einzutreten, in dem es Brüder gibt, die einfache Arbeiten machen und Priester, die eine Wallfahrtskirche betreuen. Der junge Mann ist schüchtern und sensibel und möchte lieber ein Bruder werden. Der Abt bittet ihn, den Weg zum Priestertum einzuschlagen und zu prüfen, ob dies nicht doch ein Weg für ihn sei. Nach einiger Zeit entdeckt der Kandidat, dass er eigentlich nur Angst hat, vor anderen Menschen zu reden, dass er diese Scheu aber Stück für Stück überwinden kann und will. Er wird ein guter Prediger und gefragter Seelsorger. Die Bitte des Abtes hat ihn ermutigt, die für ihn weniger naheliegende Perspektive trotzdem in den Blick zu nehmen.

Im Vorfeld einer Entscheidung ist es wichtig, keine Möglichkeit auszuschließen. Wir sollten groß denken, von uns selbst und vor allem auch von Gott. Dazu braucht es Indifferenz, und das bedeutet, sich mit mir selbst vor Gott auseinanderzusetzen. Indifferenz habe ich nicht, sondern ich bemühe mich darum, mich indifferent zu machen. Das bedeutet, dass Gefühle der Vorliebe oder der Abneigung gegenüber einer Option da sein können und dürfen, dass ich diesen aber nicht einfach folge, sondern sie erst einmal beobachte. Es geht darum, innerlich einen Schritt zurückzutreten, damit ich mir selbst auf die Spur komme. Eventuell kann es auch gut sein, im Gebet darum zu bitten, dass ich solche Anhänglichkeiten loslassen kann. Erst wenn ich in Bezug auf verschiedene Optionen innerlich einigermaßen in der Waage bin, ist der richtige Moment gekommen, eine Wahl zu treffen. Ignatius schärft der

Begleitperson in diesem Prozess mit deutlichen Worten ein, wie wichtig es für den Übenden ist, innerlich frei zu sein:

> »Für diese und alle, die ... mit einigen Plänen und Absichten eintreten, ist es sehr angebracht, allen Eifer darauf zu legen, dass sie sich von dieser Unvollkommenheit lösen. Denn sie ist ein Schmutz, der jedes wertvolle Kleid der wahren Berufung beschmutzt und auf keine Weise die Wahrheit erkennen lässt.«[13]

Warum Ignatius hier so deutliche Worte wählt, liegt in der Natur der Sache: Wer nur seinen eigenen Willen durchsetzen will, braucht Gott eigentlich nicht mehr zu fragen. Es wäre nicht aufrichtig. Suche ich ehrlichen Herzens die Führung Gottes, geht das sinnvollerweise nur, wenn ich dann auch bereit bin, mich dieser Führung anzuvertrauen. Daher auch das Ignatius zugeschriebene Wort: »Wenige Menschen ahnen, was Gott aus ihnen machen könnte, wenn sie sich seiner Führung ganz überließen.«

Wie erkennt man nun – annäherungsweise – den Willen Gottes? Unsere Resonanzflächen dafür sind das eigene Herz und der eigene Verstand, also jene Kräfte, die uns natürlicherweise gegeben sind. Was wir von Gott und seinem Willen erkennen, wird immer gebrochen und unscharf sein, und doch dürfen wir davon ausgehen, genug zu erkennen, um unseren Weg mit ihm zu gehen.

Ignatius kennt drei verschiedene »Zeiten« der Wahl (EB 175-177). Damit meint er zwar auch konkrete Vorgehensweisen; von »Zeiten« spricht er aber deshalb, weil es in seinen Augen nicht so sehr die Entscheidung ist, die ich treffe (das könnte ich auch ohne Gott), sondern die Wahl, die Gott mir in einem gnadenhaften Moment der Klarheit oder in einem längeren Prozess zeigt, und die ich mir dann zu eigen mache. Die Führung Gottes erfolgt durch den Heiligen Geist, der ja auch als Atem oder Hauch beschrieben wird. Benjamin Gensic hat die drei Zeiten, die Ignatius beschreibt, von daher in folgendes Bild gefasst: Die erste Wahlzeit ist wie ein Hurrikane die zweite wie wechselnde Winde, die dritte wie eine Flaute.[14] Das sind sprechende Bilder, auf die ich bei meiner nun folgenden Erklärung der Wahlzeiten zurückkommen möchte.

Bei der ersten Wahlzeit zeigt sich dem Menschen spontan eine sehr große innere Klarheit, die dadurch geprägt ist, dass er nicht daran zweifelt, ja nicht einmal zweifeln kann, wohin es geht (EB 175). Es ist klar, wozu Gott ruft, und der Mensch folgt unmittelbar. Ignatius nennt als Beispiele Paulus bei seiner Bekehrung oder Matthäus, der von der Zollstation aufsteht und mit Jesus mitgeht. Mit dem Bild des Hurrikans gesprochen: Der Wind des Geistes weht im Wortsinn unwiderstehlich in eine Richtung, in die allein ich segeln kann.

Wie kann ich wissen, ob solche Klarheit »echt« ist? Klarheit dieser Art setzt seelische Gesundheit voraus und schließt zwanghafte Dispositionen aus. Wenn das klar ist, kann ein Kriterium für die Echtheit der Erfahrung sein, ob derjenige, der sie gemacht hat, bereit ist, sie kritisch zu prüfen. Wer selbst nicht zweifeln kann, kann doch darüber, dass und warum er selbst nicht zweifeln kann, mit einer erfahrenen Begleitperson sprechen. Der Bewerber für das Priesteramt, der noch nie mit jemandem über seine Berufung gesprochen hat und das auch nicht naheliegend findet, nicht einmal mit Regens und Spiritual, aber nicht zweifelt, dass

es Gottes Wille ist, dass er Priester wird, ist kein Beispiel für die erste Wahlzeit. Ist die erste Wahlzeit echt, nimmt Gott dem berufenen Menschen zwar jeglichen Zweifel, aber nicht die Bereitschaft, diese Zweifellosigkeit mit anderen zu prüfen. Eine echte Erfahrung dieser Art überwältigt und macht demütig.
Die zweite Wahlzeit ist so etwas wie der Normalfall geistlicher Unterscheidung (EB 176). Sie ist das Mittel der Wahl, wenn keine intuitive Klarheit gegeben ist. Entscheidend für diesen Weg ist die bereits beschriebene innere Resonanzfläche. Im Menschen gibt es verschiedene Regungen: Gedanken, Gefühle, Körperwahrnehmungen, Stimmungen. Mit dem Bild der wechselnden Winde gesprochen ist das Wirken des Geistes böig, es kommen mal diese und mal jene Winde in verschiedenen Stärken und von verschiedenen Seiten. Sie zeigen sich in unseren inneren Regungen. Solche Regungen oder inneren Bewegungen – Ignatius nennt sie Mociones – stellen sich spontan ein. Wir haben nicht in der Hand, was sich da in unserem Innern tut. Entsprechend haben diese Bewegungen, wie »verrückt« sie auch immer sein mögen, auch keine moralische Qualität. Sie sind weder moralisch noch unmoralisch, sondern am ehesten amoralisch. Das ist wichtig, weil die Grundlage für die geistliche Unterscheidung ist, diesen inneren Chor wahrzunehmen und nicht schon alles das halbbewusst auszusortieren, was nicht ins bürgerliche Wohnzimmer passt. Auch jene inneren Bewegungen, die mir nicht gefallen, weil sie das Bild stören, das ich mir von mir selbst gemacht habe, sagen mir in meinem Unterscheidungsprozess etwas Wichtiges. Aus gutem Grund verbietet uns die Heilige Schrift, uns ein Bildnis zu machen (Ex 20,4; Dtn 5,8). Das gilt für allzu festgefügte Bilder von Gott,

aber auch von mir selbst. Gerade das Wissen über mich selbst, das ich in meinem inneren Keller habe – Ängste, Schamgefühle, Verlorenheit etc. – und das dort liegt, damit ich in den oberen Stockwerken gut zurechtkomme, ist oft sehr wichtig für eine gute Lebensentscheidung. Ich entscheide nicht für ein Ideal-Ich, sondern für mein wahrhaft existierendes Ich. So ist erst einmal wichtig, dass ich alles, was sich mir zeigt, zulasse, wahrnehme und in den Prozess geistlicher Unterscheidung einbeziehe.

Die verschiedenen inneren Bewegungen fallen in zwei Grundkategorien der geistlichen Unterscheidung: Trost und Trostlosigkeit. Unter Trost versteht Ignatius eine innere Bewegung, die mich in meiner subjektiven Wahrnehmung spürbar mit Gott verbindet, mich seine Nähe erfahren lässt. Welches Gefühl in dieser Weise Trost bringt, kann sehr unterschiedlich sein – von innerer Freude, die mich Gott gegenüber zutiefst dankbar sein lässt, bis zu Reuetränen, mit denen ich zu ihm umkehre und seine vergebende Liebe schon ahne oder spüre. Umgekehrt ist Trostlosigkeit ein Gefühl der Gottesferne, in dem ich wie auf mich selbst zurückgeworfen bin. Auch hier kann das dominante Gefühl verschieden sein, von tiefen Schamgefühlen, die mir den Eindruck geben, dass Gott mich niemals annehmen kann, bis zum Gefühl, ganz und gar alleingelassen zu sein und zu einem Gott zu rufen, der vielleicht gar nicht existiert. Diese Grundkategorien von Trost und Trostlosigkeit weisen nun auch den Weg, wie wir zu einer guten Wahl kommen. Nachhaltiger, bleibender Trost ist ein guter Indikator dafür, dass sich eine stimmige Wahl abzeichnet. Man denke an Ignatius' Erfahrung auf dem Krankenbett: auch die Rittergeschichten haben ihn getröstet, aber der Trost war eben nicht nachhaltig, nur ein oberflächliches Vergnügen. Oft ist das nicht so einfach, wenn Phasen von Trost und Trostlosigkeit sich heftig abwechseln. Auch hier sei wieder auf die Bedeutung einer erfahrenen Begleitperson verwiesen. Eine wichtige Regel sei aber noch skizziert: Aus der Trostlosigkeit heraus sollte grundsätzlich nichts entschieden werden. In der Trostlosigkeit fehlt nämlich ein gesunder, ausgewogener Blick auf die eigene Situation. Alles ist wie unter einem Grauschleier, der Gedanken und Gefühle hervorbringt, die in keine konstruktive Richtung führen. Es kann dann eine starke Motivation sein, der Trostlosigkeit zu entkommen, indem man den Rahmen ändert. Die Veränderung wird aber keine Abhilfe schaffen. Wenn beispielsweise jemand in der Midlife-Crisis seine innere Leere mit einem neuen Auto oder einer neuen Partnerin lösen möchte, wird das vermutlich nicht gut gehen. Es geht dann eher darum, noch einmal auf Entdeckungsreise nach der tiefsten Sehnsucht zu gehen, die dahintersteht, und dann eine konstruktive Entscheidung zu treffen. Erlebt man Trostlosigkeit, besteht die geistliche Aufgabe darin, sich gegen die Trostlosigkeit zu wenden. Das geht nur indirekt, indem man sich Gott zuwendet, der allein geistlichen Trost schenken kann, aus dem heraus man dann wieder klarer sehen kann, was wirklich gute Schritte sind. Die dritte Wahlzeit ist, wie Ignatius sagt, »ruhig« EB 177). Damit ist gemeint, dass genau jene inneren Bewegungen, mittels derer ich mich bei der zweiten Wahlzeit orientiere, ausbleiben. Mit dem Bild des Windes gesprochen: Es ist absolute Flaute. Und zwar nicht, weil die Tür zu meinem inneren Keller geschlossen bleibt, sondern weil ich mich mit weitem Herzen allem aussetze, was da ist, sich mir aber einfach keine signifikanten inneren Bewegungen zeigen. Dann soll ich einfach von meiner Vernunft Gebrauch machen und abwägen, was das Bessere ist. Das sieht erst einmal so aus, als sei die Vernunft hier sehr nachgeordnet. Tatsächlich versteht Ignatius sie wohl eher als Instrument, das bleibt, wenn die Führung Gottes über Trost und Trostlosigkeit ausbleibt. Man könnte sagen, wenn der Schöpfer nichts verlauten lässt, kann das Geschöpf mit den Kräften entscheiden, die ihm der Schöpfer gegeben hat. Danach soll der Mensch seine Entscheidung Gott anbieten in der Hoffnung, dass er sie mit einer inneren Klarheit bestätigt (EB 183).

Wie wird das Ziel des Menschen, zu Gottes Lob und Ehre geschaffen zu sein, konkret? Der Inbegriff solcher Ausrichtung des Menschen auf Gott ist die Person Jesu Christi. Deshalb führt Ignatius den Menschen in den Exerzitien auch gar nicht direkt auf die Wahl hin, sondern lässt ihn erst einmal drei Tage lang das Leben Jesu meditieren. Das hat im Blick auf »Prinzip und Fundament« drei wesentliche Aspekte. Zum einen ist Jesu Leben der Inbegriff eines Lebens in Ausrichtung auf Gott. Wenn wir auf ihn schauen, sehen wir also, wie es gehen kann, so auf Gott hin zu leben, wie dies der Text von »Prinzip und Fundament« beschreibt. Zweitens bringt uns die Betrachtung des Lebens Jesu in seine Nähe und wir werden seine Gefährten. Wir lernen, wie wir in seiner Nachfolge unser Leben gestalten, indem wir an seiner Sendung teilnehmen und mit ihm wirken. Wir sind auf dem Weg der Ausrichtung unseres Lebens nicht allein, sondern mit ihm. Drittens schauen wir auf Jesus auch als unseren Schöpfer und Herrn, also als zweite Person des dreifaltigen Gottes, dem Lob und Ehre gelten. Er ist derjenige, der uns geschaffen hat und zutiefst kennt und mit dem wir deshalb gut in einen inneren Dialog treten können, um den Weg zu finden, den er für uns hat. Ignatius lässt den Exerzitanten das Leben Jesu bis zu einem ganz bestimmten Punkt betrachten, ehe er sich fragen soll, was seine eigene Berufung ist. Er sieht vor seinem inneren Auge Jesus in seiner Familie, wie er heranwächst, ohne öffentlich in Erscheinung zu treten, wie er das Handwerk des Josef erlernt und mit ihm auf der Baustelle arbeitet (Josef war ein *téktôn*, ein Bauhandwerker). Und dann sieht der Exerzitant, wie Jesus erstmals mit auf Pilgerfahrt nach Jerusalem kommt, sich selbständig macht und im Tempel die Schriftgelehrten befragt. Für Ignatius und in der Tradition der Kirche sind hier im Leben Jesu die zwei großen Wahlmöglichkeiten vorgezeichnet, für die sich ein Christ entscheiden kann: In der Familie und mit einem »weltlichen« Beruf zu leben oder in einem »geistlichen« Beruf. Früher hat man hier von zwei verschiedenen Ständen gesprochen. In einer Gesellschaft, wo sich solche Ordnungen längst aufgelöst haben, ist das nicht mehr plausibel. Und doch wird hier etwas Wichtiges skizziert. Dahinter steckt nämlich der Gedanke, dass das Leben Jesu für jedes Christenleben ein prägendes Vorbild ist und sein kann. Das gilt heute unvermindert. Jede Lebensentscheidung ist, soll sie christlich sein, ein zentraler Schritt tiefer hinein in die Nachfolge Christi. Deshalb nennt Ignatius Jesus Christus im Exerzitienbuch an einer Stelle auch »unser Vorbild und unsere Regel« (EB 344). Wie wir gut leben können und sollen, sagen uns nicht Bild und Buchstabe, sondern der lebendige Mensch und zugleich lebendige Gott, Jesus Christus.

Entscheidungen treffen

Im Großen und Ganzen gilt, was über Lebensentscheidungen gesagt worden ist, auch für andere wichtige Entscheidungen. Zugleich sind aber Entscheidungen, die nicht die Lebenswahl betreffen, alltäglicher. Sie werden überall da, wo jemand Verantwortung trägt, häufiger vorkommen, und nicht immer wird ein langer Unterscheidungsprozess mit persönlicher geistlicher Begleitung möglich sein. Deshalb ist es gut, sich mit einigen Übungen vertraut zu machen, die auf dem Weg zu einer geistlichen Entscheidungsfindung helfen. Diese werden im Folgenden am Beispiel der Frage, ob ich eine neue Arbeitsstelle annehmen sollte oder nicht, vorgestellt. Ignatius erwähnt diese Vorgehensweisen in den Exerzitien mit Blick auf die dritte Wahlzeit. Sie können aber keineswegs nur mittels der Vernunft, sondern auch mit Blick auf die inneren Bewegungen und deren Unterscheidung nützlich sein.

Pro und Contra. Eine klassische Weise, zu einer Entscheidung zu kommen, ist die Abwägung von Pro und Contra. Diese Abwägung kennt auch Ignatius (EB 181). Er will sie sehr umfassend vorgenommen wissen: Die Vorteile, wenn ich z. B. eine neue Arbeitsstelle annehme. Die Nachteile davon. Die Vorteile, wenn ich die Stelle nicht annehme. Die Nachteile davon. Dabei sind sowohl Vor- als auch Nachteile natürlich immer auf meine Berufung und das letzte Ziel hin gedacht: Dient das, was ich wähle, mehr als das andere der Ehre Gottes? Wichtig ist wiederum, keine Vorentscheidung zu treffen. Eine gute Übung dafür ist, sich z. B. einen Tag Zeit zu nehmen, um nur über die Vorteile der neuen Stelle nachzudenken und auch darüber zu beten. Das geht auch nebenbei, während man berufstätig ist. Erst am nächsten Tag dann über die Nachteile. Wieder am nächsten Tag über die Vorteile, die Stelle nicht anzunehmen. Ein Tag über die Nachteile. Dann erst eine Gesamtschau. Was ist der Mehrwert eines solchen Vorgehens? Wenn ich mich einen ganzen Tag nur mit den Vorteilen oder nur mit den Nachteilen einer Option beschäftige, bin ich wirklich gründlich. Ich kann genau schauen, welche Gedanken und Gefühle mir dazu kommen, und ergründen, wie indifferent ich gegenüber der Option bin. Beschäftige ich mich hingegen mit allen Optionen zugleich, bin ich möglicherweise geneigt, schon vorab einen Schwerpunkt bei der Option zu setzen, die ich bewusst oder unbewusst gerne hätte. Gehe ich in der beschriebenen Weise vor, werde ich schnell merken, wenn mir z. B. zu einer Option gar nichts einfallen will. Ich kann dann noch einmal versuchen, den Vorteil oder den Nachteil nach bestem Wissen und Gewissen zu erkunden. Dadurch werden alle Optionen erst richtig zu Optionen, weil sie in all ihren Dimensionen ernst genommen werden. Dann kann ich darüber erst gut entscheiden. Es empfiehlt sich, die Entscheidung danach im Gebet nochmals Gott hinzuhalten und nachzuspüren, ob ich innerlich Frieden verspüre.

Ein ehrlicher Blick ins Herz. Bewegt mich die Liebe zu Gott zu einer Entscheidung für eine neue Arbeitsstelle oder (nur) die Liebe zu dieser möglichen neuen Aufgabe? Anders gesagt: Suche ich das Mittel um des Zieles willen oder mache ich das Mittel selbst zum Ziel? Hier ist Ehrlichkeit mir selbst gegenüber unabdingbar. Ein Beispiel dafür: Eine Frau entschließt sich, das Wirtschaftsunternehmen, in dem sie arbeitet, zu verlassen, um für ein Bistum zu arbeiten. Zugleich bewirbt sie sich damit auf eine höhere Position als bisher. Sie prüft sich: Geht es mir darum, lieber in der Kirche zu arbeiten, weil ich da ausdrücklicher Gott und den Menschen dienen kann? Oder geht es mir um die höhere Position? Sie nimmt wahr, dass auch die Beförderung ihr guttut und sie noch einmal vor neue Herausforderungen stellt. Ihre tiefere Motivation für den Stellenwechsel ist aber, aus ihrem Glauben heraus für die Kirche zu arbeiten.

Intuitiv hat sie damit eine Übung vollzogen, die Ignatius folgendermaßen beschreibt:

> »Jene Liebe, die mich bewegt und diese Sache erwählen lässt, soll von oben herabsteigen, von der Liebe Gottes. Wer wählt, soll also zuerst in sich verspüren, dass das Mehr oder Weniger jener Liebe, die er zu der Sache hat, die er erwählt, allein um seines Schöpfers und Herrn willen ist« (EB 184).

Es kann zu einer ehrlichen Auseinandersetzung helfen, meine Gedanken dazu aufzuschreiben und mit einer anderen Person, von der ich eine ehrliche Rückmeldung erhoffen kann, zu besprechen. Beides dient der Objektivierung meiner Gedanken, die dann klarer vor mir stehen und die ich aus dieser Distanz dann selbst noch einmal ehrlich anschauen kann.

Mir als einer anderen Person Rat geben. Was würde ich mir selbst raten, wenn gar nicht ich die Person wäre, die vor der Entscheidung steht, eine neue Arbeitsstelle anzutreten? Ignatius schlägt vor, sich einen anderen Menschen, »den ich nie gesehen noch gekannt habe«, vorzustellen und ihm einen guten Rat zu geben, was er zur Ehre Gottes und zu seiner eigenen Vollkommenheit tun soll (EB 185). Indem ich mich selbst als eine andere Person berate, gehe ich auf diese Weise zugleich einen Schritt in die Objektivierung. Wenn ich so zu einer freieren und klareren Einschätzung der Situation gekommen bin, als wenn ich für mich selbst überlegt hätte, gilt es dann nur noch, meinen guten Rat für die fremde Person auch selbst zu befolgen.

Vom-Ende-her-Sehen. Der zeitgenössische Schriftsteller Patrick Roth greift in einer seiner Poetikvorlesungen auf eine der Übungen des Ignatius zur Wahl zurück, die er für sich wertschätzen gelernt hat. Es ist die klassische Übung, in der man sich in die eigene Todesstunde versetzt (EB 186). Roth erklärt den Wert der Übung folgendermaßen:

> »…als wäre ich in der Todesstunde«: Das heißt, Ignatius' Warte ist eine, die von der Grenze aus urteilt, eigentlich schon im Jenseits steht, mit den Augen der Toten sieht, um den Noch-Lebenden zu beeinflussen, zu führen. In seiner Vorstellung hat er sich an diesen Rand gebracht, um – mitten im Leben stehend – richtig zu entscheiden. Dieses Vom-Ende-her-Sehen ist wichtig.«[15]

Diese Übung ist in der aktuellen spirituellen Praxis etwas aus der Mode gekommen. Der leicht morbide Anstrich der Vorstellung hat sicher nicht zur Popularität beigetragen. Roth trifft aber genau den Punkt. Es geht nicht darum, sich den eigenen Tod vorzustellen, sondern darum, vom Ende des Lebens her klarer zu sehen. Wenn ich vom Ende meines Lebens her auf die aktuelle Fragestellung schaue, ob ich eine neue Arbeitsstelle annehmen soll, was zeigt sich dann dazu? Roth nimmt der Betrachtung mit seiner Interpretation zudem die Schwere, indem er deutlich macht, wie es nicht um Tod, sondern um Leben, genauer gesagt um die Kostbarkeit des Lebens geht:

> »Ich stellte mir einmal vor, ich läge auf meinem To-

> tenbett. Wenn man diese Vorstellung eine Zeitlang aushält, scheidet sich leichter das Wichtige vom Unwichtigen. Auch das Erzählen, nein: das Erzählen-*Wollen* wird unwichtig. Es zählt nicht mehr, fast scheint es so, als habe es nie gezählt. Jetzt stand ich am Ende aller Geschichten, meiner Geschichte, und stellte mir vor: Was könnte noch wichtig sein? Sicher keine Geschichte. Und doch hörte ich genau hin – es war, als müsste ich diesen Rand erreichen, um die Lebenskräfte aufs gebündeltste in Erwartung zu setzen.«[16]

Der moderne Autor führt die Todesbetrachtung dann noch in eine weitere Brechung. Der Tod kommt zu ihm und antwortet auf seine Frage, was er noch tun solle, mit etwas ganz Alltäglichem: Noch einmal über einen leeren Parkplatz gehen. Es vergeht einige Zeit, bis Roth es wirklich tut, und als es so weit ist, geht er langsamer und langsamer und nimmt immer mehr Details wahr. Schließlich bleibt er stehen:

> »Und da halte ich. Warte. Und stelle auf einmal fest, dass die einzige Geschwindigkeit, die mir im Moment akzeptabel erscheint, das Stillstehen ist. Das Stillestehen. Hier im Stillstand rennt alles auf mich ein, all das Unbeachtete, Geringste, ist zum ersten Mal wirklich zu sehen. So ist es – am Ende. Zum Ende des leeren Parkplatzes hin. Beim letzten Dissolve. Deshalb: Vom Ende her sehen – das hilft bei der Suche.«[17]

Hier ist die Kostbarkeit der Lebenszeit, ja jedes einzelnen Momentes, auf die Spitze getrieben. Das Sehen vom Ende her ermöglicht einen kontemplativen Zugang zur Gegenwart und zum Moment der Entscheidung in ihr. Wer vom Ende her sieht, erkennt den Wert jedes Momentes, insbesondere von Momenten der

Entscheidung, und das wird sehr helfen, in der Gegenwart gut zu entscheiden. Wenn ich mein Leben bis dahin an mir vorüberziehen lasse mit diesem Bewusstsein für die Kostbarkeit jedes einzelnen Moments – was erschließt sich mir dann auf die Frage hin, ob ich jetzt eine neue Arbeitsstelle annehmen soll? Wichtiges und weniger Wichtiges wird sich voneinander scheiden lassen, so dass ich erahnen kann, wohin es geht.

Krisenzeit im Angesicht Gottes. Ignatius kennt noch eine andere Weise des »Vom-Ende-her-Sehens«: innerlich zu schauen, wie es mir am Tage des göttlichen Gerichts geht (EB 187). Diese Betrachtung ist heute vermutlich noch unpopulärer als die Todesbetrachtung, aber nicht minder wertvoll. Es geht hier nicht um das Bild eines strafenden Gottes, sondern um einen ernsten, kritischen Blick auf meine Entscheidung *jetzt*, »auf dass ich mich *dann* mit vollem Gefallen und Freude finde«, wie es Ignatius formuliert (EB 187). Das griechische Wort *krísis* bedeutet sowohl »Entscheidung« als auch »Gericht«. Darin wird deutlich, dass jede biblische Gerichtsansage für die Zukunft eigentlich darauf zielt, sich in der Gegenwart gut zu entscheiden. Es geht sehr wohl um den kritischen Blick, mit dem der Herr mich mustert, aber es ist derselbe Blick der Liebe, mit dem er mich immer anschaut und vor dem ich keine Angst haben muss. Zugleich ist es auch mein objektivierter eigener kritischer Blick, geformt am Evangelium und an all dem, was der Herr in der Heiligen Schrift mir zur Weisung gibt. Kann meine Entscheidung dem standhalten, was ich doch eigentlich gut kenne und in meinem Leben verwirklichen möchte? Habe ich alles berücksichtigt, was ich bis jetzt von der Weisung Gottes verstanden habe? Dann entscheide ich auch gut. Es geht um Nachfolge Christi

– denn er wird nichts anderes von mir wollen, als was er gelehrt und was er mir vorgelebt hat.

Alltag gestalten

Auf den ersten Blick scheint »Prinzip und Fundament« besonders wichtig für die großen Entscheidungen unseres Lebens. Hier gilt es, den Blick auf das Ziel zu richten, wozu hin wir geschaffen sind, um dann die Mittel recht zu wählen. So richtig dies ist, weil große Entscheidungen große Konsequenzen haben und manche davon auch irreversibel sind, so lässt es doch außen vor, dass vom Ziel her gesehen *jeder* Moment eine sehr hohe Bedeutung hat. Keine Stunde führt zum Heil ohne die andere; der Weg mag manchmal von Kurven geprägt sein, aber kein Moment ist einfach bedeutungslos. Das hat Patrick Roth mit seiner Variante der Totenbettbetrachtung sehr gut erschlossen. Das heißt aber auch, dass »Prinzip und Fundament« genauso wichtig für die Gestaltung unseres Alltags ist. Auch wenn die Einzelmomente, in denen keine große Entscheidung fällt, weniger wichtig scheinen – im Gesamt machen gerade sie den Weg aus, der uns zum Ziel führt.

Was nützt es beispielsweise, wenn jemand beschließt, dass es zur Ehre Gottes und zu seinem Heil gut ist, zu heiraten, dann aber im Alltag lebt, als wäre der Ehepartner gar nicht wichtig? Schnell ist das große Lebensprojekt im Kleinen gescheitert. Desgleichen, wenn jemand ein Studium beginnt, aber kaum je in die Vorlesung geht und seine Tage vertändelt. Er wird kaum auch nur die erste Prüfung bestehen. Es ist nicht nur wichtig, eine gute Entscheidung zu treffen, son-

dern auch, sie umzusetzen und danach zu leben, und das genau geschieht in den Momenten des Alltags. Der Teufel steckt im Detail, sagt man. Das gilt hier buchstäblich. Und das ist meist subtiler als die eben genannten Beispiele, bei denen man zu Recht fragen kann, ob je eine ernste Motivation bestand. Nicht immer ist es so offensichtlich, dass jemand vom Weg abkommt. Es kann zum Beispiel sein, dass jemand heiratet und sich sehr liebevoll um seinen Ehepartner kümmert, aber zugleich so viel arbeitet, dass die Kinder ihn kaum zu Gesicht bekommen. Ist hier mehr Arbeit für mehr Geld das rechte Mittel zum Ziel? Oder wäre nicht mehr Zeit für die Familie am Ende wichtiger als das Geld? Und warum verhält sich jemand so? Vielleicht ist es angenehmer, nicht so viel Kindergeschrei um sich herum zu haben, obwohl die Kinder grundsätzlich gewollt und geliebt sind?
Oder jemand studiert, um Priester zu werden, gibt sich aber mit mittelmäßigen Leistungen zufrieden. Er weiß, dass solche Nachlässigkeit angesichts weniger Kandidaten kein Hindernis für seine Weihe sein wird. Wäre für ihn das Priestertum nur das Mittel auf das letzte Ziel hin, Gott zu ehren und den Menschen zu dienen, müsste er sich voll dafür einsetzen. Versteht er dagegen das Priestertum selbst als letztes Ziel, genügt es ihm, sich im Studium mittelmäßig zu engagieren, weil er dieses Ziel trotzdem erreicht.

Treue zu einer guten Entscheidung entfaltet sich über die Zeit hinweg. Die Nerven liegen selten schon am Tag der Hochzeit oder der Priesterweihe blank, sondern erst Monate oder Jahre später. Dann wird es mit der Ausrichtung auf das Ziel unseres Lebens besonders interessant. Dann ist Treue erforderlich. Deshalb auch die Regel, zur Zeit der Trostlosigkeit erst einmal nichts zu ändern, sondern zu versuchen, sich erneut Gott und dem Leben, für das ich mich entschieden habe, zuzuwenden.

Was hilft nun, im Alltag konsequent einer nach bestem Wissen und Gewissen getroffenen Entscheidung treu zu bleiben? Hier können einige kleinere Übungen helfen, die ich im Folgenden skizziere.

Schutzräume für den Blick auf die geistlichen Vitalfunktionen. Um im Alltag das letzte Ziel im Blick zu behalten, braucht es Reflexionsräume, in denen ich in regelmäßigen Abständen schaue, ob ich nicht auf einmal ganz woandershin laufe, als ich eigentlich möchte. Eine Kurskorrektur ist dann leicht möglich, weil ich frühzeitig merke, wenn ich vom Weg abkomme. Zudem hilft mir die Reflexion, dass ich das, was ich als wesentlich erkannt habe, gegen den Ansturm des Unwesentlichen verteidige. Im Folgenden werden einige solcher Reflexionsräume näher skizziert, die sich gut ergänzen können. Hier gilt es auszuwählen, was davon speziell mir hilft, um im Alltag am Ball zu bleiben. Die Übungen können mir helfen, die Ausschläge meiner geistlichen Vitalfunktionen intensiv wahrzunehmen. Wo bewege ich mich gerade – in Trost oder Trostlosigkeit? Welche Stimmungen prägen meinen Alltag? Wie gehe ich damit um? Was kann mir helfen, das Ziel meines Lebens im Blick zu behalten? Was möchte ich lassen, weil es mir das Ziel verstellt? Wie bleibe ich im Blickkontakt mit dem Herrn, der mich gerufen hat? In der ursprünglichen Praxis der Exerzitien gibt es einen engen Bezug zwischen »Prinzip und Fundament« und verschiedenen

Formen der Gewissenserforschung. Denn in diesen verschiedenen Formen kann ich üben, dass ich das, was ich eigentlich möchte, auch tue, und das, was ich nicht möchte, nicht tue. Eine Fixierung auf Schuld ist sicher kein hilfreicher Fokus, wohl aber ein kritischer Blick auf meinen Weg. Er hilft mir, meiner Sehnsucht auf der Spur zu bleiben, mich gemäß meines letzten Ziels durchs Leben zu bewegen und alles zu lassen, was mich daran hindert. Ein täglicher Reflexionsraum bietet eine gute Chance, schnell zu merken, wenn ich nicht mehr so lebe, wie ich eigentlich in der Beziehung zu Gott auf mein letztes Ziel hin leben möchte.

Tägliche Reflexion. Ignatius nennt die »allgemeine Gewissensprüfung« (EB 43), heute besser bekannt als »Gebet der liebenden Aufmerksamkeit«, die wichtigste Viertelstunde des Tages. Sie ist deshalb so wichtig, weil ich mit dieser Praxis täglich einen geschützten Raum habe, in dem ich im Angesicht Gottes schauen kann, wo ich auf mein letztes Ziel hin stehe. Fünf Schritte folgen bei diesem Tagesrückblick aufeinander:

Erstens: Ich sage Gott Dank für den Tag mit allem, was er gebracht hat. Damit bringe ich diesen konkreten Tag mit Gott in Beziehung, nehme ihn aus seiner Hand entgegen. Darin liegt das Vertrauen, dass Gott mir gut will und gute Gaben gibt. Das ist die Grundlage für jede weitere Unterscheidung. Vielleicht gibt es Tage, wo mir dieser Dank schwerfällt oder gar unmöglich ist, z.B. bei größeren Schicksalsschlägen. Dann darf ich in meinem Schmerz auch einfach da sein, ohne etwas zu erzwingen.

Zweitens: Ich bitte Gott »um die Gnade, die Sünden zu erkennen und abzuweisen«. Was heißt das? Was ist überhaupt Sünde? Hier hilft es, auf »Prinzip und Fundament« zu schauen. Sünde ist im Wortsinn Absonderung, also Trennung von Gott. Das wird überall da konkret, wo ich Wege einschlage, die mich von dem Ziel abbringen, wozu ich geschaffen bin. Es geht auch hier wieder um die Grundausrichtung meines Lebens auf das letzte Ziel hin. Wie merke ich nun aber, wenn ich vom Weg abkomme? Das ist gar nicht so einfach. Deshalb soll man auch um die Gnade bitten, die Sünden zu erkennen und abzuweisen. Die Formulierung zeigt, dass am Anfang der kleinen Übung nicht von vornherein klar ist, nicht klar sein kann, was an diesem Tag auf dem Weg mit Gott welche Qualität hatte. Was hat mich ihm nähergebracht? Was hat mich von ihm abgebracht und fällt daher unter den traditionellen Begriff der Sünde?

Bei den beiden ersten Schritten ist wichtig, sich um Indifferenz zu bemühen. Deshalb wird auch als Prämisse für »die empfangenen Wohltaten« gedankt, nicht nur für das, was mir auch spürbar besonders angenehm war, sondern für das Ganze, das Gott gegeben hat. Und deshalb bitte ich im zweiten Schritt um die Gnade, Sünden als solche zu erkennen und von mir zu werfen, und weiß nicht schon vorab, was gut und was schlecht war, nur weil es sich spontan so anfühlt. Wie bei der Wahl im Großen weiß ich zu Beginn der Reflexion des Tages noch nicht, welche Erfahrung welche Qualität hat und welche Bedeutung dies für meinen Weg hat. Um dies unterscheiden zu können, erbitte ich Gottes Gnade.

Drittens: Ich gehe den gesamten Tag noch einmal Stück für Stück durch und verweile da, wo ich besonders bewegt bin, wo es in meinem Gefühlsbarometer starke Ausschläge gibt – seien sie freudig, schmerzlich, traurig oder was auch immer. Wie bei der Wahl im Großen geht es auch hier im Kleinen darum, Trost und Trostlosigkeit wahrzunehmen, um zu entdecken, wie Gott mich im Alltag führt bzw. führen hätte wollen. Erst in diesem Punkt der Erforschung wird klarer, welche Qualität etwas, das ich erlebt oder getan habe, im Blick auf meinen Weg mit Gott hat. Daraus folgt dann der nächste Schritt:

Viertens: Ich bitte Gott um Verzeihung für das, was schlecht war und mich vom Weg abgebracht hat. Jetzt habe ich das erkannt und kann versuchen, mich davon abzuwenden. Manchmal geht es vielleicht gar nicht um Schuld oder Sünde, und ich stecke trotzdem in Situationen, die irgendwie verfahren sind und es mir erschweren, gut auf dem Weg zu sein. Dann ist auch dafür hier ein Ort, wo ich Gott um Gnade und Hilfe bei der Lösung solcher Schwierigkeiten bitten kann.

Fünftens: Ich nehme mir mit Gottes Gnade Besserung vor, d.h., ich entscheide mich dafür, meinen Kurs zu korrigieren, aus den Erfahrungen zu lernen und mich wieder besser auf das Ziel auszurichten. Durch die ehrliche Reflexion über den Tag können auch negative Erfahrungen zu einem Lernort werden. Meine Einsichten lassen mich morgen klarer auf das Ziel ausgerichtet leben. Ich kann auch um Zuversicht bitten, wenn ich eine Situation gar nicht selbst verändern kann.

Es folgt ein Vaterunser, mit dem ich mich nochmals in die Führung Gottes gebe: Dein Name werde geheiligt, Dein Reich komme, Dein Wille geschehe – pure Ausrichtung auf Gottes Führung im Sinne von »Prinzip und Fundament«. Tägliches Brot, Befreiung von Schuld, Befreiung vom Bösen – was wir für unser Leben brauchen, wird dazu geschenkt.

Monatliche Reflexion. Ein monatlicher Reflexionsraum kann einen täglichen gut ergänzen, weil der innere Prozess dann noch einmal etappenweise in den Blick genommen und reflektiert wird. Dadurch zeigt sich mir deutlicher als von Tag zu Tag, wie ich auf längere Sicht hin unterwegs bin. Sollte ich eine tägliche Reflexion als überfordernd empfinden, ist es umso wichtiger, dass ich einen monatlichen »Boxenstopp« einbaue. Dafür kann es helfen, sich einen Wüstentag oder wenigstens einen halben Tag einzuplanen. Für einen solchen Tag trifft zu, was Ignatius über Exerzitien schreibt: »Indem man so abgesondert weilt und den Verstand nicht auf viele Dinge aufgeteilt hat, sondern seine ganze Sorge nur auf eines legt, nämlich seinem Schöpfer und Herrn zu dienen und seiner eigenen Seele zu nützen, gebraucht man seine natürlichen Fähigkeiten freier, um mit Sorgfalt zu suchen, was man so sehr wünscht« (EB 20). Die Vorgehensweise kann dabei die gleiche sein, wie sie Ignatius für die tägliche Gewissenserforschung beschreibt. Im Grunde kann man jeden Zeitraum mit dieser Vorgehensweise reflektieren, denn immer geht es zuerst um Wahrnehmung und dann um die Ausrichtung des eigenen Lebens auf das letzte Ziel hin. Es geht um eine Kurskorrektur mit Gottes Hilfe, gleich ob man einen Tag, einen Monat, ein Jahr oder die bisherige Lebenszeit (vgl. EB 44, 55-61) in den Blick nimmt. Es ist dabei gut, in irgendeiner Weise die eigenen Gedanken zu formulieren – indem ich Tagebuch schreibe, indem ich sie einer Person meines Vertrauens mitteile oder auch in einer Geistlichen Begleitung im Alltag, in der es ausdrücklich um eine stetige Reflexion meines Weges geht. Noch wichtiger ist es allerdings, die eigenen Erfahrungen ins Gebet zu bringen und so unmittelbar mit Gott in Berührung zu sein. Für eine stetige Neuausrichtung kann auch ein monatliches Beichtgespräch sehr hilfreich sein. Es befreit von der Last der eigenen Irrwege, die immer noch präsent sind und den Kurs stören.

Unterbrechungen im Alltag. Nicht immer ist sinnvoll, zu warten, bis der nächste fest eingeplante Moment für die Reflexion kommt. Manchmal kann auch eine spontane Unterbrechung im Alltag wichtig sein. Etwa bietet sich ein solcher Stillemoment an, wenn mich etwas sehr bewegt. Das kann zum Beispiel der Fall sein, wenn ich im Büro gerade den Telefonhörer aufgelegt habe und ganz aufgewühlt bin, ohne zu wissen, was eigentlich mit mir los ist; wenn mir bestimmte Worte nicht mehr aus dem Kopf gehen und in Endlosschleifen wiederkehren oder wenn ich mich im Strom meiner Gefühle wiederfinde und gar nicht klar denken kann. In solchen Momenten ist eine Unterbrechung gut investierte Zeit, um wieder in die Ausrichtung auf Gott und mein Ziel zu kommen.
Eine Unterbrechung kann auch dann angebracht sein, wenn ich momentan gar nicht mehr wahrnehme, was in meiner Arbeit oder meinem Alltagsleben wie wichtig ist. An der Front des Alltags geht es meist so: Was obenauf liegt, wird zuerst bearbeitet. Das sind die E-Mails, die kommen, die Telefonanrufe, die Termine

im Kalender. Oft sind es nicht die wichtigsten Dinge, welche die meiste Aufmerksamkeit auf sich ziehen und die meiste Zeit beanspruchen. Es sind eher diejenigen, welche am augenfälligsten sind. Das führt dazu, dass die wirklich wichtigen Dinge oft hinten herunterfallen und ganz aus dem Blick geraten, etwa konzeptionelle und strategische Arbeit oder die Hinwendung zu Mitmenschen, die sich nicht so deutlich bemerkbar machen. Der Strom dessen, was an Anforderungen an mich herangetragen wird, verhindert dann eine Abwägung, wer meine Aufmerksamkeit wirklich wie nötig hat und wo ich mehr Zeit und Kraft investieren sollte als anderswo.
Ich habe einmal in einem Kurs eine Reflexionsrunde angeleitet, in der die Teilnehmer einen kleinstmöglichen nächsten Schritt formulieren sollten, wie sie ihren Alltag geistlicher gestalten wollten. Einer der Teilnehmenden äußerte einen sehr hilfreichen Vorsatz: »Ich nehme mir vor«, sagte er, »wenn ich morgens mein E-Mail-Postfach öffne, mir »Prinzip und Fundament« ins Gedächtnis zu rufen und mich bei jeder Mail zu fragen: Wie wichtig ist diese Mail im Blick auf das letzte Ziel meines Lebens und die Sendung der Kirche? Was von dem, was hier an mich herangetragen wird, ist wie relevant? Danach werde ich die Mails nach diesem Kriterium beantworten.«
Eine andere Strategie, die eher für die emotionale Balance hilfreich sein dürfte, erzählte mir einmal eine Ordensschwester. Wann immer sie eine Nachricht erhielt, die sie emotional aufwühlte, dachte sie bei sich: »Ist das jetzt wirklich das Problem, das diese Welt hat?« Sie sagte, dass sie bis jetzt bei dieser kleinen Übung diese Frage noch nie bejahen konnte. Entsprechend konnte sie sich dann meistens getrost wieder abregen.

Das Ganze der Weltsituation zu sehen hat sie geerdet und verhindert, dass sie sich von ihren Emotionen fortreißen ließ. Es ist zwar gut und wichtig, mit den eigenen Emotionen im Kontakt zu sein, das heißt aber nicht, dass es nicht im zweiten Schritt auch gut sein kann, davon wieder etwas Abstand zu gewinnen, um in innerer Freiheit reagieren zu können.
Eine gute Übung kann auch sein, sich von den Gedanken und Gefühlen, die mich überwältigen möchten, einen Moment abzuwenden und sich den sinnlichen Eindrücken um mich herum zuzuwenden, z. B. das Fenster zu öffnen und die frische Luft zu schnuppern, eine Runde ums Haus zu drehen und zu spüren, wie die Füße den Boden berühren. Sinneseindrücke können ungemein erden und einen wieder in der Gegenwart (Gottes) und bei sich selbst ankommen lassen.

Hin zu einer kontemplativen Haltung. Reflexionsräume sind wichtig für die geistliche Unterscheidung und bleiben es auch. Trotzdem führt ein langer Weg der Einübung dazu, dass ich auch während anderer Tätigkeiten wahrnehme, was gerade in mir vorgeht und was mir das sagen möchte. Auch hilft die geistliche Erfahrung, gelassener zu bleiben und einen Riecher dafür zu entwickeln, ob ich gerade gut unterwegs bin oder nicht. Das Ideal ist es, im Tun kontemplativ zu sein und Gott auch ohne langes Nachspüren in allem zu finden. Das wird mehr oder weniger gelingen, weshalb bestimmte Ankerpunkte auch langfristig und für Fortgeschrittene sinnvoll sind. Auf lange Sicht führt das Üben zu einer Haltung der geistlichen Aufmerksamkeit im Alltag, in der ich nicht mehr nur an exponierten Punkten reflektiere, sondern mir dies in Fleisch und Blut übergeht.

Sich ausrichten. Bis hierher war von Reflexionsräumen die Rede. Es ging um Übungen, die helfen, nach einiger Zeit zu schauen, wie ich unterwegs bin, und Kurskorrekturen vorzunehmen. Das ist wichtig, aber eigentlich beginnt die Ausrichtung meines alltäglichen Lebens auf das letzte Ziel schon vorher. Es geht darum, sich jeweils auf die Aufgabe einzustellen, die vor mir liegt, um mit einem aufmerksamen und wachen Blick hineinzugehen, um tiefer zu schauen, was wirklich wichtig ist. Ignatius skizziert solche Übungen für den Beginn von Gebetszeiten, aber das lässt sich ohne weiteres auch auf andere Aufgaben übertragen. Zu Beginn jeder ignatianischen Gebetszeit – bzw. zu Beginn jeder Aufgabe, die ich in vergleichbarer Weise angehen möchte – steht ein dreifaches Eingangstor. Erstens ein Vorbereitungsgebet; zweitens die so genannte Zurichtung des Schauplatzes; drittens eine Bitte um das, was ich ersehne.

Zunächst das Vorbereitungsgebet. Ignatius skizziert den Inhalt des Gebets folgendermaßen:

> »Gott unseren Herrn um Gnade bitten, damit alle meine Absichten, Handlungen und Betätigungen rein auf Dienst und Lobpreis seiner göttlichen Majestät hingeordnet seien« (EB 46).

Die Ähnlichkeit mit »Prinzip und Fundament« fällt ins Auge. Es wird um die Gnade gebeten, alle meine Absichten, Handlungen und Beschäftigungen auf das letzte Ziel, Dienst und Lobpreis Gottes, auszurichten. Was »Prinzip und Fundament« formuliert, wird hier von Gott erbeten, weil solche Ausrichtung im Letzten nicht in unserer Hand liegt.
Als zweiter Schritt folgt die »Zurichtung des Schauplatzes«. Bei einer biblischen Betrachtung stelle ich

mir hier den Ort vor, an dem sich die Episode zuträgt, die ich betrachten möchte, also z. B. wie die Personen im Raum verteilt sind, wie die Atmosphäre ist etc. Es geht nicht um die Betrachtung selbst, sondern nur um das Aufbauen der Szene und einen ersten Blick hinein. Das kann ich nicht nur bei biblischen Betrachtungen, sondern auch bei alltäglichen Vollzügen tun. Habe ich beispielsweise als nächsten Termin ein Gespräch, kann ich mir vorstellen, wer sich angekündigt hat, wie die Person den Raum betritt, wann ich sie zuletzt gesehen habe und wie es ihr wohl geht. Sowohl bei der biblischen Betrachtung als auch bei einem Alltagsgeschehen ist an dieser Stelle nicht entscheidend, ob alles wirklich so war oder so ist, wie ich es mir vorstelle. Es geht mehr darum, dass ich mich innerlich auf das einstelle, was kommt – natürlich immer in der Offenheit, dass es auch ganz anders kommen kann. Ich bin innerlich schon einmal bei meiner nächsten Aufgabe angekommen und nicht noch ganz woanders.
Der dritte Schritt hängt eng mit den beiden vorigen zusammen: Ich höre in mich hinein, was ich für das, was vor mir liegt, *ersehne,* und bitte Gott darum.
Der Sinn des Vorbereitungsgebetes liegt darin, dass ich mich der Führung Gottes überlasse. Ich tue das als die Person, die ich bin, in der aktuellen Situation, mit meiner Sehnsucht und all dem, was mich gerade innerlich bewegt. Es wurde bereits gesagt, dass sich Ehre Gottes und Lebensglück des Menschen nicht widersprechen, sondern beides zusammenhängt. Das wird bei diesen beiden Gebeten konkret: Ich richte mich mit dem Vorbereitungsgebet auf Gott aus, lasse mich aber mit meiner persönlichen Sehnsucht von ihm führen im Vertrauen, dass daraus etwas Gutes entstehen wird. Der zweite Schritt der »Zurichtung des Schau-

platzes« ist für den dritten Schritt der Sehnsuchtsbitte wichtig, weil es nicht ganz allgemein um meine Sehnsucht geht, das wäre nicht konkret genug, sondern für die nächste Stunde, den nächsten Termin, den heutigen Tag. Geistliches Leben vollzieht sich in der Gegenwart, deshalb sind hier kleine Zeitspannen angebracht. Wer schon Exerzitien gemacht hat, kann sich sehr gut vorstellen, warum das so ist, denn hier ist die Dynamik so dicht, dass die Sehnsuchtsbitte für die Gebetszeit am Abend längst nicht mehr die ist, die ich noch am Morgen oder am Mittag in mir spüren konnte. Aber auch in der Termindichte des Alltags ist das möglicherweise so. Im Kalender steht ein Zoom-Meeting mit dem Team, dann ein schwieriges Gespräch mit einem Klienten, dann die Fahrtkostenabrechnung und dann noch der geistliche Abend in einer Pfarrei in der Nähe. Da werde ich eher vor jedem einzelnen Termin eine eigene Bitte finden als eine für den ganzen Tag. So kann es eine kurze Übung vor jedem neuen Termin sein, sich auf das Ziel auszurichten, Gott zu loben und ihm zu dienen, sich kurz innerlich vorzustellen, was vor mir liegt, und dann von ihm zu erbitten, was ich für diese vor mir liegende Aufgabe ersehne. Das dauert nicht lange, hilft aber sehr, präsent zu haben, wozu ich das, was ich tue, überhaupt tue. Es hilft mir, im Moment wirklich aufmerksam zu sein und mich in der konkreten Situation der Führung Gottes zu überlassen.

Mit der Heiligen Schrift leben. In den Geistlichen Übungen meditiert der Exerzitant vor und während der Suche nach seiner Lebensentscheidung das Evangelium. Nun kann ich nicht gut vor jeder alltäglichen Aufgabe erst eine Zeit der Schriftbetrachtung einschieben. Das wird sich kaum in meinen Arbeitsalltag einfügen. Umso wichtiger ist es daher, dass ich die Heilige Schrift immer wieder lese und meditiere, ohne dass es dabei notwendigerweise einen zeitlichen Bezug zu bestimmten Aufgaben gibt. Entscheidend ist, dass ich ein Gespür dafür bekomme und weiter vertiefe, wie ich Gott gut dienen kann, was zu seinem Lobe angemessen ist und wie ich mich auch im Alltag am Leben Jesu orientieren kann. Es geht nicht nur darum, ihm nachzufolgen, sondern auch, ihm mit Gottes Hilfe ähnlich(er) zu werden. »Was ist nachfolgen anderes als nachahmen?« ruft schon Augustinus den Christen seiner Zeit zu.[18] Dazu aber ist es wichtig, sich immer wieder mit der Heiligen Schrift, besonders den Evangelien, zu beschäftigen und sie zu meditieren. Wir werden, was wir betrachten. Je mehr wir innerlich schauen, wie Jesus handelt, können wir erahnen, wie wir handeln sollten. Jerónimo Nadal, ein enger Mitarbeiter und Interpret des Ignatius, formuliert:

> So wird Christus gefunden, dass wir in jeder Sache spüren, was Christus tun oder wie er jetzt urteilen würde, als wenn wir spürten, dass Christus in uns wohnt. Das bedeutet, »wir haben den Sinn Christi« (1 Kor 2,16).[19]

Was würde Jesus tun? Wir wissen es nicht. Auch das müssen wir ehrlich sagen. Und doch werden wir eine Ahnung davon bekommen, wenn wir uns im Gebet und im Betrachten seines Lebens stetig üben. Nadal spitzt diesen Gedanken sogar noch mehr zu, indem er sagt: »Die Betrachtung und Beschauung des Lebens Christi im Verspüren des Geistes ersetzen, was die Apostel und Jünger Christi leibhaft geschaut haben.«[20] Wenn wir Christus in der Betrachtung seines Lebens in der Schrift begegnen, üben wir uns, ihm nachzufolgen, wie das seine Jünger im Staub der Erde Galiläas leiblich getan haben. Solche Imitatio, d.h. Nachahmung Christi konkretisiert die Ausrichtung unseres Lebens im Sinne von »Prinzip und Fundament«.

Ungeordnete Anhänglichkeiten lassen. »Prinzip und Fundament« betont, dass der Mensch die Dinge auf der Erde so weit gebrauchen soll, dass sie ihm auf sein Ziel hin, Gott zu ehren und heil zu werden, helfen, und so weit lassen, als sie ihn daran hindern. Der Fokus ist klar: Die Dinge sind für den Menschen da und nicht der Mensch für die Dinge, und zwar jeweils auf Gott hin. Denn die Dinge können das, was der Mensch von ihnen erwartet, niemals erfüllen. Und doch sind viele Dinge für den Menschen sehr attraktiv. Ernesto Cardenal hat diese Dynamik treffend skizziert:

> »Der Mensch denkt immer, mit ein wenig mehr hätte er schon genug, aber immer wünscht er sich dann doch noch mehr und mehr. Er denkt, mit einem Häuschen, einem Wagen, einem verständnisvollen Ehepartner und gutgeratenen Kindern wäre er zufrieden, aber dann geht er doch immer wieder mit der gleichen Unruhe aus dem Haus. Er sucht immer neue Dinge mit immer gleicher Sucht. Mit immer gleicher Gier kauft er seine Zeitung, die er dann fortwirft, und immer wird er gleich unbefriedigt bleiben. Es ist wie eine Krankheit, die ihn zwingt, immer mehr und mehr zu essen, ohne dass er jemals satt würde. Platon hat einmal gesagt, der Mensch sei wie ein zerbrochenes Gefäß, das sich nie füllen lässt.«[21]

Hand aufs Herz: Von welchen Dingen lassen Sie sich in den Bann ziehen, obwohl Sie eigentlich genau wis-

sen, dass es besser wäre, sie zu lassen? Und warum eigentlich? Oft können wir das gar nicht sagen. Die Ursachen liegen tief in unserer Biografie verborgen. Ignatius nennt Dinge, die uns in ihren Bann ziehen und Gott die Schau stehlen, »ungeordnete Anhänglichkeiten«. Damit ist prägnant formuliert, worum es geht, nämlich nicht um die Dinge, sondern um eine Bindung an die Dinge, die mir nicht guttut und die ich eigentlich auch gar nicht haben will. Die ich aber irgendwie doch haben will. Oder doch nicht? Niemand ist gerne unfrei. Aber auch niemand lässt gern Dinge, die Erfüllung verheißen. Wo ist die Grenze vom einen zum anderen? Wo erfüllt mich etwas gar nicht mehr, wo besitze nicht mehr ich etwas, sondern bin ich davon besessen? Es ist die Ambivalenz, die es so schwer macht, ungeordnete Anhänglichkeiten zu lassen. Ich will sie lassen und ich will es nicht.
Ein Bild dafür kann der »innere Schweinehund« sein. Wenn wir davon sprechen, geht es meistens darum, dass es gut wäre, ihn zu überwinden. Aber wer jemals einen echten Hundeblick erlebt hat, kann sich vielleicht vorstellen, wie liebenswert so ein Schweinehund schauen kann. Den soll ich wegschicken? Oje! Aber wenn ich das nicht versuche, stellt sich irgendwann die Frage, ob ich noch Herr im eigenen Haus bin. Was also tun? Im Folgenden ein paar Punkte dazu:

- **Geduldig üben.** Ignatius kommt schon im Titel des Exerzitienbuches auf das Thema der ungeordneten Anhänglichkeiten zu sprechen: »Geistliche Übungen, um über sich selbst zu siegen und sein Leben zu ordnen, ohne sich bestimmen zu lassen durch irgendeine Anhänglichkeit, die ungeordnet wäre« (EB 1). Was bedeutet für ihn, sein Leben zu ordnen? Im Hintergrund steht »Prinzip und Fundament«: Geordnet ist alles, was auf das letzte Ziel, die Ehre Gottes und unser Heil, ausgerichtet ist. Ungeordnet ist alles andere. Von »Anhänglichkeiten« ist deshalb die Rede, weil sie die innere Freiheit einschränken, die für gute Entscheidungen notwendig ist. Bevor die Ausrichtung des Lebens wirklich gelingen kann, müssen diese Anhänglichkeiten gelöst oder mindestens eine gewisse Freiheit erreicht werden. Realistischerweise arbeiten wir ein Leben lang daran, solche Anhänglichkeiten zu lassen. Denn das ist eben nicht so einfach. Prinzip Schweinehund. Ich persönlich finde den klassischen Begriff der Askese hilfreich. Dabei verstehe ich Askese im Wortsinn des griechischen Wortes *áskesis*, d.h. als Übung. Das ist ganz auf der Linie des Ignatius, der zu Beginn seines Exerzitienbuches erklärt:

> »...wie das Umhergehen, Wandern und Laufen leibliche Übungen sind, genauso nennt man ‚geistliche Übungen' jede Weise, die Seele darauf vorzubereiten und einzustellen, um alle ungeordneten Anhänglichkeiten von sich zu entfernen und nach ihrer Entfernung den göttlichen Willen in der Einstellung des eigenen Lebens zum Heil der Seele zu suchen und zu finden« (EB 1).

Mir scheint die hier gewählte Metapher aus dem Bereich des Sportes hilfreich für das Lassen von ungeordneten Anhänglichkeiten. Und zwar gerade deshalb, weil sie so hartnäckig sind. Salopp könnte man sagen: Nimm doch sportlich, was du nicht lassen kannst, aber lassen willst, und übe! Als Sportler will ich etwas erreichen, zum Beispiel heute etwas schneller oder etwas weiter zu laufen als vorgestern oder eine etwas steilere Strecke. Und ich spüre ein Glücksgefühl, wenn das – manchmal ganz überraschend – gelingt. Oh, das schaffe ich? Wusste ich gar nicht! Nehme ich das Lassen von Anhänglichkeiten sportlich, habe ich einen positiven Blick auf das, was ich erreicht habe, und nicht auf das, was ich noch nicht lassen konnte. Das Projekt ist sehr langfristig, und das heißt, dass ich kleine – ehrlicherweise wohl: angemessene! – Schritte angehe. Also nicht: »Ich bin von jetzt an ordentlicher!«, sondern: »Ich räume jeden Freitagabend nach der Arbeit noch kurz mein Büro auf!« Nicht: »Ich will mich auf jeden Fall mehr bewegen!«, sondern: »Ich gehe jeden Tag eine Viertelstunde auf dem Weg zu meiner Arbeit zu Fuß.« Üben heißt, Richtungen einzuschlagen, kleine Schritte zu gehen und zu schauen, wie sich das Vorhaben insgesamt entwickelt.

Ignatius schlägt für diesen Weg eine konkrete Übung vor. Es ist für diese Übung aber sehr wichtig, sie in rechter Weise zu gebrauchen. Wenn Sie sich damit anfreunden können, Ihre Anhänglichkeiten sportlich zu nehmen, ist es für Sie vielleicht eine gute Übung. Wenn Sie dagegen im Blick auf Ihre konkrete Anhänglichkeit ein sehr sensibles Gewissen haben oder sehr leistungsorientiert sind, sollten Sie diese Übung nicht machen. Es braucht eine gewisse innere Leichtigkeit dafür, sonst tut sie nicht gut. Ignatius schlägt vor, sich in einem Wochenplan zu notieren, wie viele Male ich das, was ich schrittweise lassen möchte, jeweils an einem halben Tag getan habe. Dann kann ich von Tag zu Tag und Woche zu Woche sehen, wie es um meine Entwicklung in diesem Prozess der Loslösung bestellt ist (EB 24-31). Ich kann dasselbe auch umgekehrt notieren, wenn mir das mehr hilft und wenn ich die Ausgangsposition noch im Blick habe, ich kann also aufschreiben, wie oft es gelungen ist, etwas, wozu ich neige oder was ich gewohnt bin, zu lassen. Wem das alles zu buchhalterisch ist, der mag einfach ehrlich im Blick behalten, wie sich die Sache entwickelt, und immer wieder neu kleine Schritte versuchen. Eventuell ist auch eine etwas ausführlichere Aufzeichnung hilfreicher als nur eine Strichliste, wenn ich also notiere, unter welchen Umständen ich diese oder jene Sache, die ich eigentlich lassen möchte, doch getan habe. Denn es kann sein, dass ich auf diese Weise Muster in meinen Anhänglichkeiten entdecke und verstehe, was ich mit meinem Tun eigentlich suche. Welche Bedürfnisse stehen dahinter? Das zu begreifen, kann sehr weiterhelfen. Wenn ich zum Beispiel feststelle, dass ich immer dann zu viel Schokolade esse, wenn ich zu wenig Möglichkeiten habe, mich zurückzuziehen, oder immer am Abend, weil ich eigentlich schon todmüde bin und längst schlafen sollte, dann hilft mir das, Strategien zu finden, meine eigentlichen Bedürfnisse zu stillen. Und schon ist die Schokolade nicht mehr ganz so interessant. Ignatius meint, dass wir uns von den ungeordneten Anhänglichkeiten nicht bestimmen lassen sollen, nicht, dass wir sie gar nicht haben sollen. Dass wir sie haben, kann sehr viel darüber sagen, was wir wirklich brauchen und was in unserem Leben fehlt.

Ungeordnete Anhänglichkeiten folgen nicht selten unterbewussten psychodynamischen Bewegungen. Wir sind also diesbezüglich nicht so frei, wie wir gerne wären. Das hat bereits Paulus erkannt, als er schrieb: »Ich tue nicht das Gute, das ich will, sondern das Böse, das ich nicht will, das vollbringe ich« (Röm 7,19). Man kann solche Anhänglichkeiten mit dem berühmten Bild des Eisberges charakterisieren. Ich kann den Eisberg sehen und ich kann mich auch dazu verhalten. Ich sehe aber nur einen kleinen Teil davon und verstehe möglicherweise erst über Jahre und Jahrzehnte meines Lebens, welche Strömungen noch im unsichtbaren Bereich den Berg bewegen. Handelt es sich um gravierende Dynamiken, die mich zutiefst beeinträchtigen und mir oder anderen schaden, ist eine Therapie angebracht. Viele Menschen kennen aber ungeordnete Anhänglichkeiten eher auf einem Level darunter, so dass nicht gleich eine Therapie das Mittel der Wahl ist. Dann geht es um kleine Schritte im Alltag. Diese gelingen am besten, wenn ich einen positiven Blick auf mich selbst habe.

- **Sich selbst wertschätzen.** Gott hat uns in Liebe geschaffen und hört auch nicht auf, uns zu lieben, wo uns das Leben gezeichnet hat und wir Strategien entwickelt haben, um zu überleben, obwohl wir tief verletzt sind. Sehr häufig sind ungeordnete Anhänglichkeiten solche Strategien. Etwas an ihnen hilft uns, durchs Leben zu kommen. Deshalb sind sie so schwer zu lassen. Das heißt, dass sie eigentlich etwas über unsere Resilienz sagen. In diesem Sinne sind sie eher Sieg als Niederlage. Und dennoch sind sie meist nicht förderlich, sondern wir haben sie nur entwickelt, um mit einer noch schlimmeren Beeinträchtigung umzugehen. Je heiler wir werden, desto weniger werden wir sie brauchen. Aber auch solange wir noch nicht auf sie verzichten können, sind wir in den Augen Gottes kostbar. Er liebt uns immer, auch wenn er sich mit uns freut, wenn wir uns entwickeln, und uns auch dazu herausfordert. Deshalb sagt Jesus: »Nicht die Gesunden bedürfen des Arztes, sondern die Kranken. Geht und lernt, was es heißt: Barmherzigkeit will ich, nicht Opfer! Denn ich bin nicht gekommen, um Gerechte zu rufen, sondern Sünder« (Mt 9,12f.). Möglicherweise hilft bei tiefersitzenden Gewohnheiten auch der sportliche Ansatz gerade nicht, sondern es genügt, konsequent auf dem geistlichen Weg zu sein und zu sehen, was ich zu welchem Zeitpunkt – vielleicht ganz überraschend – lassen kann, einfach weil der innere Heilungsprozess ein Stück weitergegangen ist.

Liebe leben

Im Letzten geht es bei »Prinzip und Fundament« darum, Gott, den Nächsten und sich selbst zu lieben. Das wird schon darin deutlich, dass »Prinzip und Fundament« zusammen mit der »Betrachtung, Liebe zu erlangen« (EB 230-237), einen Rahmen um die Geistlichen Übungen bildet. Am Ende führt die Ausrichtung gemäß »Prinzip und Fundament« zu einer größeren Liebe. Man kann sich fragen, warum Ignatius in »Prinzip und Fundament« nicht davon spricht, das Ziel des Lebens sei, Gott zu lieben, warum er nur von Lob, Ehre und Dienst spricht. Er übt mit dem großen Wort »Liebe« am Anfang des geistlichen Weges noch Zurückhaltung. Dort geht es erst einmal um eine Zustimmung, die Führung Gottes zu suchen. Die Liebe kann dann unterwegs in der Begegnung mit Jesus wachsen. Auf diesem Weg soll der Exerzitant »innere Erkenntnis des Herrn erbitten, der für mich Mensch geworden ist, damit ich mehr ihn liebe und ihm nachfolge« (EB 104). Liebe wird nicht eingeredet, sondern wächst auf dem inneren Weg. Deshalb bleibt die Liebe im Text von »Prinzip und Fundament« zunächst eine Leerstelle, obwohl es genau darum geht. Deutlicher formuliert Ignatius diese Ordnung der Liebe, auf die »Prinzip und Fundament« im Letzten zielt, in den Regeln zur Unterscheidung der Geister: »Ich nenne es ›Tröstung‹, wann in der Seele irgendeine innere Regung verursacht wird, mit welcher die Seele dazu gelangt, in Liebe zu ihrem Schöpfer und Herrn zu entbrennen; und weiterhin, wann sie kein geschaffenes Ding auf dem Angesicht der Erde in sich lieben kann, sondern nur im Schöpfer von ihnen allen« (EB 316). Natürlich ist solcher Trost kein Dauerzustand, aber in ihm scheint das letzte Ziel auf, alles in der Welt auf Gott hin zu lieben, und das ermöglicht, dies auch dann weiter zu suchen, wenn ich gerade nichts davon verspüre.

Prinzip und Fundament für die Kirche

Bis hierher war von »Prinzip und Fundament« im Blick auf das Leben des einzelnen Menschen die Rede. Das entspricht der ursprünglichen Intention des Textes als Grundlage der Geistlichen Übungen, die für Einzelpersonen gedacht sind. Die Kirche kommt in den Exerzitien eher als der Rahmen zur Sprache, innerhalb dessen die Einzelperson eine Lebenswahl trifft (EB 170, 352-370). Auch die Mitgeschöpfe des Menschen, der eine solche Wahl treffen möchte, kommen in »Prinzip und Fundament« erstaunlich wenig vor – denn diese haben ihre eigene Würde und können nicht einfach unter »den übrigen Dingen auf dem Angesicht der Erde« subsumiert werden. Kann »Prinzip und Fundament« trotzdem auch als Grundlage für eine gemeinsame Suche nach Gottes Führung dienen? Kann das spirituelle Koordinatensystem, das sich für den geistlichen Weg des Einzelnen über Jahrhunderte bewährt hat, auch der pilgernden Kirche auf ihrem Weg mit Gott bei der Orientierung helfen? Um diese Fragen soll es in diesem Kapitel gehen.

Ein frühes Beispiel für eine gemeinsame Orientierung auf der Grundlage von »Prinzip und Fundament« ist die so genannte »Beratung der ersten Gefährten«, der Gründerväter des Jesuitenordens. Dabei handelt es sich um eine Beratung darüber, in welcher Form die Gruppe weiter bestehen sollte, was schließlich zur Ordensgründung führte. Die Gefährten formulieren als Ziel ihrer Beratung, »einen völlig offenen Weg zu finden, auf dem gehend wir uns selbst alle unserem Gott als Ganzbrandopfer darbringen könnten, zu dessen Lob, Ehre und Ruhm all das unsere gereichen soll.«

Hier wird sehr eng am Wortlaut von »Prinzip und Fundament« das Ziel der Beratung benannt. Der geistliche Unterscheidungsprozess bezieht sich dann auf die Mittel zu diesem Ziel: »Es bestand für uns alle ein einziger und gemeinsamer Sinn und Wille, nämlich Gottes wohlgefälligen und vollkommenen Willen zu suchen gemäß dem Ziel unserer Berufung; doch in Bezug auf die empfehlenswerteren und fruchtbareren Mittel sowohl für uns als auch für unsere Nächsten bestand eine gewisse Vielheit von Auffassungen.«[22] Hier steht implizit »Prinzip und Fundament« im Hintergrund, und das wird auch die Satzungen der Gesellschaft Jesu, deren Gründung sich hier anbahnt, prägen. Immer ist das Ziel des gemeinsamen Handelns die Ehre Gottes und das Heil der Menschen, immer werden daraufhin die Mittel abgewogen und gewählt. Die Satzungen formulieren die spirituelle Ausrichtung, die der Einzelne in den Exerzitien erfährt, für die Gemeinschaft. »Prinzip und Fundament« kann also nicht nur dem Einzelnen helfen, die Führung Gottes in seinem Leben zu suchen, sondern auch einer Gemeinschaft. Analog gilt das auch für Gruppen und Gremien, wobei zu berücksichtigen ist, dass nicht nur der Einzelne eine intensive spirituelle Bildung für einen solchen Prozess braucht, sondern auch die Gemeinschaft. Dann aber kann »Prinzip und Fundament«, ja der ganze Exerzitienweg, auch für eine Gemeinschaft hilfreich sein. Das gilt grundsätzlich für jede Gemeinschaft, also auch für die ganze Kirche oder die Kirche an einem bestimmten Ort. Je größer die Gemeinschaft, desto komplexer wird allerdings auch der geistliche Unterscheidungsprozess.

Wenn wir »Prinzip und Fundament« als spirituelles Koordinatensystem für die Orientierung des Gottesvolkes, der Kirche, verstehen wollen, bedarf es einiger Vorüberlegungen und Differenzierungen. Denn die Kirche ist ja nicht einfach eine Gemeinschaft wie jede andere. Auch wenn heute die Gründung der Kirche nicht mehr als einmaliger Stiftungsakt durch Jesus Christus verstanden werden kann, weil das der historischen Forschung nicht standhält, so ist sie doch in einem längeren Prozess aus der Sammlung des Gottesvolkes durch Jesus Christus erwachsen und geht damit im Kern auf Gottes Wirken zurück.[23]

Angesichts dessen stellt sich hier die Frage, wo genau die Kirche im spirituellen Koordinatensystem von »Prinzip und Fundament« zu verorten ist. Darauf gibt es mehr als eine Antwort: Die Kirche ist Gemeinschaft von Menschen, die gemeinsam auf Gott hin geschaffen sind. Die Kirche ist ein Ding auf Erden, das dem Menschen bei der Verfolgung des Zieles helfen soll, zu dem hin er geschaffen ist. Die Kirche ist aber auch der mystische Leib Christi und kann deshalb nicht einfach als rein geschöpfliche Größe und auch nicht als rein menschliche Institution verstanden werden. Es gibt etwas an ihr, das in die Sphäre Gottes hineinreicht, oder vielleicht ist es besser zu sagen, es gibt eine göttliche Präsenz in ihr, die nicht einfach unter »den Dingen auf Erden« oder den Geschöpfen subsumiert werden kann. Die verschiedenen Antworten auf die Frage nach der Kirche in »Prinzip und Fundament« zeichnen sich dadurch aus, dass sie weder einfach ineinander aufgehen noch völlig voneinander geschieden werden können. Vielleicht können wir von verschiedenen Aspekten sprechen, unter denen die Kirche mehr an der einen oder mehr an der anderen Stelle von »Prinzip und Fundament« verortet ist. Dies soll im Folgenden noch genauer bedacht werden.

»Prinzip und Fundament« beginnt mit den Worten: »Der Mensch ist geschaffen, um Gott unseren Herrn zu loben etc.« Auch wenn die Exerzitien hier den einzelnen Menschen ansprechen, der sich mit seiner Geschöpflichkeit auseinandersetzen soll, so ist doch zugleich der Mensch an sich gemeint, d.h. die ganze Gattung des Menschengeschlechtes. Das gilt es beim Weg des Einzelnen mitzudenken. So formuliert Walter Kasper:

> »Im weiteren Sinn führt die Kirche ihren Ursprung auf die Anfänge der Menschheitsgeschichte zurück. Gott beruft den Menschen (alle Menschen) ja nicht als isoliertes Individuum, sondern als ein Wesen, das auf Gemeinschaft angelegt ist und nur in Gemeinschaft seine Erfüllung finden kann. So wird die Sammlung des Volkes Gottes seit Anfang der Welt vorausbedeutet. Sie beginnt nach der Überzeugung der Kirchenväter bereits mit dem gerechten Abel (Ecclesia ab Abel) und geschieht aufgrund des universalen Heilswillens Gottes verborgen unter allen Völkern.«[24]

Genau genommen ist also der Mensch an sich zum Lobe Gottes geschaffen, alle Menschen als Geschöpfe Gottes zusammen, und so auch die Kirche in diesem ganz weiten Sinn. So ist die Kirche in »Prinzip und Fundament« aus diesem Aspekt betrachtet Subjekt der Suche nach dem Willen Gottes, wie es auch der einzelne Mensch ist. Das griechische Wort *ekklêsía*, Kirche, kommt von *ekkálein*, herausrufen. Gott ruft die Kirche heraus. Deshalb findet sie ihre Identität darin, seiner Stimme zu folgen. Sie ist Suchgemeinschaft auf Gott hin. Das letzte Ziel der Kirche wie der ganzen

Schöpfung – man denke an die Psalmen – ist das Lob Gottes, wobei auch das weit zu denken ist, keineswegs nur durch bestimmte einzelne Handlungen oder Vollzüge, sondern als Lob aus ihrer ganzen Existenz heraus.

Kirche als verfasste Institution

Während die Kirche als Gemeinschaft der Geschöpfe niemals ein Mittel sein kann – man denke an den kategorischen Imperativ von Kant, Menschen niemals als Mittel für etwas anderes zu gebrauchen –, ist vieles an der Sozialgestalt und irdischen Verfasstheit der Kirche sehr wohl nur Mittel. Denn die Kirche soll ja, wie die Dogmatische Konstitution des II. Vatikanums über die Kirche formuliert, »Zeichen und Werkzeug für die innigste Vereinigung mit Gott« sein (LG 1). Ein Zeichen ist sinnlos ohne das, worauf es verweist – hier die Vereinigung der Menschen mit Gott. Ein Werkzeug ist sinnlos, wenn es seinen Zweck nicht (mehr) erfüllt.
Die Institution Kirche sollte also in ihrer irdischen Verfasstheit so beschaffen sein, dass in ihr Gott erfahren werden kann (Zeichen) und sie zur Begegnung mit Gott hilft (Werkzeug). Ist das nicht der Fall, braucht es Reformen. Das Zeichen muss verdeutlicht, das Werkzeug repariert werden. Kirche ist kein Selbstzweck, sie so zu behandeln, wäre Ekklesiolatrie, Verehrung nicht Gottes, sondern der Kirche, und mit dem christlichen Monotheismus unvereinbar. Wie aber die »Verdeutlichung« des Zeichens, die »Reparatur« des Werkzeugs geschehen sollte, ist – wie jede ignatianische Wahl – nicht unsere Wahl, sondern die Gottes, die wir gemeinsam entdecken können, wenn wir aufrichtig seine Führung suchen.

Während die Kirche als Gemeinschaft der Geschöpfe verletzlich ist und in ihrer konkreten Verfasstheit auch verfehlen kann, wozu sie eigentlich da ist, ist die Kirche als mystischer Leib Christi weder zerstörbar, noch kann sie ihren Weg jemals verlieren. Mit dem biblischen Bild dazu gesprochen: Wenn Christus als Haupt des Leibes ganz auf Gott bezogen ist, so ist es unter diesem Aspekt betrachtet auch die Kirche (Eph 1,18). Im spirituellen Koordinatensystem von »Prinzip und Fundament« heißt das, die Kirche ist zwar kein Ziel an sich, aber es fällt vom Ziel her, von Jesus Christus, Licht in sie (vgl. Röm 10,4; Phil 3,14). Die Kirche ist nicht Gott, aber er lässt sich in ihr finden, selbst dann noch, wenn sich die Gemeinschaft sündhaft und die Institution kontraproduktiv verhält. Gott ist vom Anfang der Schöpfung an mit seinem Volk unterwegs und vollendet die Schöpfung, indem er darin Wohnung nimmt. Das geschieht am Sinai, wo Israel ein tragbares Heiligtum anfertigen soll, die Bundeslade, auf der sich Gott zwischen den Cherubim niederlässt. Das ist der erste Tabernakel, das Offenbarungszelt in der Wüste. Gottes Gegenwart darin bleibt unverfügbar, wie das Gottesvolk erfahren muss, als der Herr im Buch Ezechiel vom Götzendienst des Volkes genug hat und kurzerhand den Tempel verlässt (Ez 10,18). Erst später, nachdem er Israel aus den Völkern zurückgeholt hat und der Götzendienst ein Ende hat, zieht er wieder in den Tempel ein (Ez 39,23-29; 43,4). In Jesus Christus ist Gott Mensch geworden und hat sich für immer mit der Menschheit verbunden. Im Johannesevangelium wird das in Anklang an die Gegenwart Gottes im Offenbarungszelt formuliert: Wie Gott zwischen den

Cherubim Wohnung genommen hat, nimmt er bei der Inkarnation im Fleisch Jesu unter uns Wohnung (Joh 1,14). Weil Gott sich auf diese Weise mit seinem Volk verbunden hat und unter ihm wohnt, ist die Kirche nie ganz ohne seine Gegenwart. So heißt es in der Schrift über Jesus Christus: »Wenn wir untreu sind, bleibt er doch treu, denn er kann sich selbst nicht verleugnen« (2 Tim 2,13). Wegen dieser Treue Gottes kann die Kirche niemals in dem Sinne Mittel sein, dass man sie auch lassen könnte, wenn man gerade an ihrer menschlich-sündigen oder institutionell-verkehrten Konkretheit leidet. Die Kirche ist sichtbares Zeichen einer unsichtbaren Wirklichkeit. Gott ist gegenwärtig unter diesem Zeichen. Als leibliche und sinnliche Wesen sind wir Menschen auf diese Zeichenhaftigkeit der konkreten Gemeinschaft angewiesen. Es gilt daher, die irdische und oft allzu menschliche Kirche auf die Gegenwart Gottes hin zu durchschauen, sich über die menschliche Gemeinschaft an die Gegenwart Gottes heranzutasten. Das ist im konkreten Leben in und mit der Kirche allerdings eine große Herausforderung und kann auch großes Leiden an der Kirche mit sich bringen. Andererseits kann die Ahnung oder sogar die Überzeugung, dass Gott »trotzdem« da ist, auch Hoffnung geben. Eine Volkspartei wirbt aktuell im Wahlkampf mit dem Slogan »Bürokratie ist therapierbar.« Das gilt umso mehr für die Kirche, die vom Heiland auch heute noch »herausgerufen« wird, und vom Herrn therapierbar ist nicht nur Bürokratie, sondern noch ganz andere Fehler.

Kann nun »Prinzip und Fundament« der Kirche zur Orientierung dienen? Unbedingt, aber nur als Gemeinschaft von Geschöpfen und als menschlicher Institution – als mystischer Leib Christi ist die Kirche immer schon auf Gott ausgerichtet. Reformiert werden kann und muss die Kirche in ihrer menschlichen Dimension und irdischen Verfasstheit. Die Kür geistlicher Unterscheidung schließt ein, das eine vom anderen zu unterscheiden. Das ist keineswegs einfach. Ein Großteil der Streitigkeiten um Reformen der Kirche hat mit diesem Spannungsfeld zwischen ihrem göttlichen Ursprung und ihrer menschlichen Verfasstheit und der Grenze vom einen zum anderen zu tun. Aus gutem Grund, denn diese Grenze ist nicht einfach klar. Wir müssen an dieser Stelle miteinander um die Wahrheit ringen, um das Rechte zu treffen.

Im Folgenden wird in zwei Abschnitten vertieft, was »Prinzip und Fundament« für die Orientierung der Kirche als Gottesvolk und für die verfasste Institution austragen kann.

Ziel der Kirche

Auf die Kirche angewendet könnte der erste Teil von »Prinzip und Fundament« so klingen:

> Die Kirche ist dazu hin geschaffen, Gott unseren Herrn zu loben, ihm Ehrfurcht zu erweisen und ihm zu dienen und mittels dessen an der innigsten Vereinigung aller Menschen mit Gott mitzuwirken; und die übrigen Dinge auf dem Angesicht der Erde sind für alle Menschen, auch für die Kirche, geschaffen, damit sie ihnen bei der Verfolgung des Zieles helfen, zu dem sie geschaffen sind.

Heute wird oft gefragt, was genau der Auftrag der Kirche ist, was »die Menschen« von »der Kirche« (wozu eigentlich diese Trennung von beidem?) wollen oder brauchen. Das zeigt eine große Verunsicherung, in der es gut ist, diese Frage zu stellen. Es hängt aber viel davon ab, *wie* diese Frage gestellt wird. Fragen wir nur nach dem »Auftrag«, sind wir schnell beim Tun. Und angesichts der Abbrüche, Krisen und Skandale besteht die Gefahr, dass dieses Tun die naheliegendste Reaktion auf eine kollektive Trostlosigkeit ist. Genau das kann sehr kontraproduktiv sein, wenn das Tun die Krise dann doch nicht wendet. Hinzu kommt, dass Kirche mehr ist, als was Menschen über sie denken und von ihr wollen. Sonst gäbe es keinen Spielraum mehr dafür, dass Gott uns in seinem fortdauernden Schöpfungswirken überraschen kann. Es bestünde auch die Gefahr, sich allzu sehr von der Zustimmung oder Ablehnung der Gesellschaft zur Kirche abhängig zu machen. Als während der Corona-Pandemie immer wieder über die Systemrelevanz der Kirche diskutiert wurde, scheint mir genau das der Fall gewesen zu sein. Die Diskussion drehte sich sehr stark darum, wie die Kirche in der gesellschaftlichen Öffentlichkeit angesehen wird. Es ging nicht so sehr um die Frage, ob *Gott* wichtig ist, sondern ob *die Kirche* wichtig ist. Da kann entlastend sein, tiefer nach dem Ziel der Existenz der Kirche zu fragen und die Antwort aus »Prinzip und Fundament« zu hören: um Gott zu loben, ihm Ehrfurcht zu erweisen und ihm zu dienen. Das schließt konkretes Tun ein, lässt sich aber nicht darauf reduzieren. Entscheidend ist, dass wir im Gebet und in der geistlichen Unterscheidung fragen, was mehr zum Lobe Gottes beiträgt und seinem Ziel mit der ganzen Schöpfung mehr hilft.

Mittel in der Kirche

Der zweite Teil von »Prinzip und Fundament« könnte dann folgendermaßen klingen:

»Daraus folgt, dass die Kirche die Dinge auf dem Angesicht der Erde so weit gebrauchen soll, als sie ihr zu ihrem Ziel hin helfen, und sich so weit von ihnen lösen soll, als sie sie daran hindern.«

Der Anschluss »daraus folgt« – nämlich aus dem Ziel, auf das hin es die Kirche überhaupt gibt – ist von zentraler Bedeutung. Denn sehr häufig geht es in kirchlichen Gremien um Fragestellungen, bei denen der Bezug zu diesem letzten Ziel fehlt. Dann geht es wie in Apg 19,32, wo es heißt: »Dort schrien die einen dies, die anderen das; denn in der Versammlung herrschte ein großes Durcheinander und die meisten wussten gar nicht, weshalb man überhaupt zusammengekommen war.« Man steht gleichsam am Scheideweg von mehreren Möglichkeiten und streitet heftig, weil die Frage, über die entschieden werden soll, nicht an den Grund der Existenz der Kirche (und des Gremiums) rückgebunden ist. Dazu ein paar Beispiele:

Die finanziellen Einbrüche führen dazu, dass in den Diözesen Finanzkonsolidierungskonzepte erstellt werden. Nicht selten wird entschieden: Wir sparen überall z. B. 20%. Damit wird deutlich, dass als einziges Ziel verfolgt wird, Geld zu sparen. Wozu soll dann aber das Geld gespart werden – außer um die Insolvenz abzuwenden? Wozu hat die Kirche Geld? Eine Finanzkonsolidierung ist kein Ziel, sondern ein Mittel. Und um dieses Mittel richtig einzusetzen, braucht es eine Hinordnung dieses Mittels auf das letzte Ziel, auf das hin es die Kirche gibt. Ein angemessenes Finanzkonsolidierungskonzept könnte beispielsweise so aussehen: Ziel ist es, dass Menschen mit Gott in Beziehung kommen. Wir wägen ab, was dazu mehr hilft als anderes, und setzen entsprechend mehr oder weniger Mittel ein.

Ein anderes Beispiel: In einer Großpfarrei muss eine neue Gottesdienstordnung erstellt werden, weil die personellen Ressourcen nicht mehr reichen, um wie bisher in allen Kirchen zu bestimmten Zeiten Gottesdienste zu feiern. Im Pfarrgemeinderat wird heftig gestritten, wie eine gerechte Verteilung aussehen könnte. Die Sorge liegt darin, keinen Kirchort zu benachteiligen. Man kann sich nicht einigen, und alle gehen verärgert nach Hause. Gottesdienste sind aber Mittel zur Begegnung möglichst vieler Menschen mit Gott, kein Mittel zur Gleichbehandlung aller Dörfer im Sprengel. Das letzte Ziel, wozu es überhaupt Gottesdienste gibt, war hier nicht genügend im Blick.
Ein weiteres Beispiel: Ein Pfarrgemeinderat bespricht das Thema »Jugendliche in unserer Pfarrei«. Die Diskussion ist von der Sorge geprägt, dass immer weniger Kinder und Jugendliche in den Gottesdiensten und anderen Aktivitäten der Pfarrei präsent sind. Was kann angeboten werden, damit das anders wird? Es wird nicht geäußert, aber die Versammelten fürchten, dass ihre Gemeinde vor Ort ausstirbt. Deshalb überlegen sie, welche Aktivitäten es geben könnte, um Kinder und Jugendliche zu binden – zugleich hat aber eigentlich keiner so recht Motivation, sich für solche Angebote zu engagieren. Hier ist zu wenig im Blick, dass das Ziel der Kirche nicht ihre Selbsterhaltung ist, sondern dass sie auf Gott hin transparent sein soll, hier ganz konkret für junge Menschen. Was brauchen die jungen Menschen, um Erfahrungen mit Gott zu machen? Sicher nicht das Gefühl, nur die Interessen der älteren Generation bedienen zu sollen.
Derlei Beispiele könnten hier noch viele dargelegt werden. Die Frage ist aber auch: Warum ist denn die Tendenz so stark, die Mittel zum Selbstzweck zu ma-

chen bzw. rein auf Ebene der Mittel zu überlegen, was jeweils eine gute Lösung für eine bestimmte Frage ist? Hier gibt der letzte Teil von »Prinzip und Fundament« Aufschluss. Auf die Kirche bezogen, könnte er so klingen:

> Deshalb ist es nötig, dass wir uns in der Kirche gegenüber allen geschaffenen Dingen in allem, was der Freiheit unserer freien Entscheidungsmacht gestattet und ihr nicht verboten ist, indifferent machen. Wir sollen unsererseits nicht mehr wollen: Stärke als Schwäche, Reichtum als Armut, Ehre als Ehrlosigkeit, aussichtsreiche Zukunft als Abbruch; und genauso folglich in allem sonst, indem wir allein wünschen und wählen, was uns mehr zu dem Ziel hin hinführt, zu dem wir als Kirche geschaffen sind.

Ignatius hat, wie schon oben bemerkt, provozierende Beispiele für die Gegenstände gewählt, gegenüber denen Indifferenz angebracht ist. Das hat sicherlich damit zu tun, dass hier Grundbedürfnisse tangiert sind, sowohl für den Einzelnen als auch für die Gemeinschaft der Kirche. Deshalb fallen die innere Freiheit und das Loslassen so schwer. Die Frage ist aber, ob die Erfüllung dieser Bedürfnisse auf das Ziel hin eigentlich hilft. Wenn etwa im Beispiel der Finanzkonsolidierung gar nicht klar ist, wofür das Vermögen der Kirche da ist, so dass man als höchstes Ziel hat, zu sparen, wäre es sehr viel besser, zunächst einmal zu fragen, wozu die Kirche überhaupt Geld haben soll. Festhalten um des Erhaltens des Gegebenen willen heißt, dass keine innere Freiheit gegenüber den Mitteln besteht und deshalb auch keine gute Entscheidung getroffen werden kann.

Ganz ähnlich bei der Frage, wie eine gute Gottesdienstordnung aussehen kann. Wenn hier die erste Priorität ist, dass das je eigene Dorf »stark« ist und sich gegenüber den anderen durchsetzt, fehlt jeder Blick für das Ganze, weil auch hier das Eigene um jeden Preis festgehalten werden soll. Auf diese Weise kann man keine gute Entscheidung treffen – und oft auch gar keine, weil es auf der gewählten Ebene schwierig ist, eine gemeinsame Blickrichtungen zu finden und die streitenden Parteien zu versöhnen.

So auch im dritten Beispiel: Wenn der Fokus so sehr auf der Mitgliedergewinnung für die Ortskirche liegt, dass nicht einmal die Bedürfnisse derer, um die es (scheinbar) geht, der jungen Menschen, im Blick sind, zeigt auch dies ein krampfhaftes Festhalten an der eigenen Zukunft. Hinzu kommt bei diesem Beispiel, dass in gewisser Weise auch die Zuwendung zu den jungen Menschen verzweckt wird, diese also zum Mittel für die eigene Absicherung werden. Das ist nicht nur gegen die Regeln geistlicher Unterscheidung, sondern auch ethisch nicht einwandfrei.

Gott die Führung zu überlassen, geht erst dann, wenn wir nicht mehr unsere eigenen Vorstellungen durchsetzen wollen. Das ist der Kern der Indifferenz. Darin liegt das Vertrauen, dass Gott einen guten Weg für uns hat – mit uns persönlich und mit uns als seiner Kirche. Oder eigentlich noch mehr: dass erst mit der Führung Gottes das Schönste und Beste wachsen und reifen kann – in unserem Leben und in der Kirche. Das folgende kurze Schlusskapitel ist ein Versuch, sich dies vorzustellen.

Was sich mit Prinzip und Fundament ändert

Wir wissen, wozu wir auf Erden sind, ahnen, dass darin Verheißung und Vollendung liegt, und glauben, dass Gott in uns schafft, was wir uns niemals ausdenken könnten. In ihm ahnen und entdecken wir, wer wir wirklich sind. Er lockt das Beste aus uns heraus.

Wir vertrauen, dass Gott uns führt, und leiten die Kirche so, dass diese Führung an erster Stelle steht. Wir suchen Gottes Spuren im konkreten Alltag zusammen mit allen, die uns in unserer Aufgabe anvertraut sind.

Wir helfen einander dabei, mit Gott auf dem Weg zu sein. Wir erwarten nicht vom anderen, dass unser Glück an ihm hängt. Wir lassen einander frei auf Gott hin. Im anderen sehen wir die Würde, die Gott in sein oder ihr Leben gelegt hat.

Wir sorgen uns nicht mehr und halten nicht mehr unseren Besitzstand fest, der uns in Wahrheit ja auch gar nicht gehört. Wie die Lilien säen wir nicht und ernten wir nicht und sind doch prächtig bekleidet mit Gottes Liebe und Gnade (vgl. Mt 6,28-30). Unsere Hände sind frei für Überraschungen Gottes. Unsere Zukunft gehört ihm.

Unsere Kirche ist immer noch Kirche der Sünder und immer noch eine schwerfällige Institution, aber Gott zugewandt und nicht mehr so selbstreferenziell. Neugierige nehmen uns in unserer Schwäche und Stärke wahr und dass es uns um Gott und um sie geht und nicht um uns selbst. Sie fühlen sich willkommen geheißen.

Wir stecken mitten im realen Leben und im Arbeitsalltag, aber unser Blick, wohin es gehen könnte, ist freier geworden. Wir wissen, wozu wir leben und arbeiten.

Wir wagen das kaum zu sagen, aber wir werden Jesus mit dieser Blickrichtung ähnlicher. Mit ihm zusammen schauen wir auf das Ziel allen Menschseins und strecken uns danach aus.

Das wäre doch etwas. Oder?

Anmerkungen

[1] Gesta romanorum, 14. Jh., in Anlehnung an Sir 7,36.

[2] Direktorium nach diktierten Bemerkungen von Ignatius, in: Gründungstexte der Gesellschaft Jesu [Ignatius von Loyola; Deutsche Werkausgabe Bd. 2], Würzburg 1998, 286.

[3] Ebd. 287.

[4] Gloria Dei vivens homo; vita autem hominis, visio Dei; Adversus haereses IV, 20,7 (= SChr. 100/2, 648).

[5] Terence O'Reilly, The Spiritual Exercises and the Crisis of Medieval Piety, 106-108; Quelle: https://www.theway.org.uk/back/s070O'Reilly.pdf; abgerufen am 19.09.2023.

[6] Theologisches Wörterbuch zum Neuen Testament 9, 641.

[7] Ebd.

[8] Direktorium nach diktierten Bemerkungen von Ignatius (wie Fn 2), 286.

[9] Ignatius von Loyola, Geistliche Briefe, 335.

[10] Hans Urs von Balthasar, Homo creatus est. Skizzen zur Theologie V, Einsiedeln 1986, 33.

[11] Ignacio Tellechea, Ignatius von Loyola. »Allein und zu Fuß«. Eine Biographie, Solothurn/Düsseldorf 1991, 72.

[12] Ignacio Iparraguire, Practica de los Ejercicios de San Ignacio de Loyola en vida de su autor (1522-1556) [Bibliotheca Instituti Historici SI III], Bilbao/Roma 1946, 179, Fn 29.

[13] Direktorium nach diktierten Bemerkungen von Ignatius (wie Fn 2), 285.

[14] Benjamin Gensic, Ignatius: A Guide for Congregational Discernment, 29; Quelle: https://paperity.org/p/83659544/ignatius-a-guide-for-congregational-discernment; abgerufen am 19.09.2023.

[15] Roth, Dissolve: Mit Jo(ce) ins Bett der Toten, in: Im Tal der Schatten. Frankfurter Poetikvorlesungen, Frankfurt am Main 2012, 73.

[16] Ebd.

[17] Ebd.

[18] De Sancta Virginitate, 27.

[19] Hieronymi Nadal, Orationis Observationes 41, ed. Michael Nicolau [MHSI 90a], Roma 1964, 43.

[20] OrOb 391, ebd., 140.

[21] Das Buch von der Liebe, Gütersloh 1987, 49f.
[22] Beratung der ersten Gefährten, in: Gründungstexte (wie Fn. 2), 291.
[23] Vgl. Kasper, LThK[3] 5, 1465.
[24] Ebd.